U0640180

西中高级职业翻译
理论、实践与教学

[西] 周敏康 著

朝华出版社
BLOSSOM PRESS

图书在版编目（CIP）数据

西中高级职业翻译理论、实践与教学 / （西）周敏康
著 . -- 北京 : 朝华出版社 , 2024.5
ISBN 978-7-5054-5474-3

Ⅰ . ①西… Ⅱ . ①周… Ⅲ . ①西班牙语－翻译－教学
研究 Ⅳ . ① H345.9

中国国家版本馆 CIP 数据核字 (2024) 第 092399 号

西中高级职业翻译理论、实践与教学

著　　者　　〔西〕周敏康
责任编辑　　张　璇
特约编辑　　范佳铖　沈羿臻
责任印制　　陆竞赢　崔　航

出版发行　　朝华出版社
社　　址　　北京市西城区百万庄大街 24 号　　邮政编码　　100037
订购电话　　(010) 68996522
传　　真　　(010) 88415258（发行部）
联系版权　　zhbq@cicg.org.cn
网　　址　　http://zhcb.cicg.org.cn
印　　刷　　廊坊市印艺阁数字科技有限公司
经　　销　　全国新华书店
开　　本　　889 mm × 1194 mm　1/32　　字　　数　　180 千
印　　张　　7.25
版　　次　　2024 年 5 月第 1 版　2024 年 5 月第 1 次印刷
装　　别　　平
书　　号　　ISBN 978-7-5054-5474-3
定　　价　　68.00 元

版权所有　　翻印必究·印装有误　　负责调换

序

  本书可作为翻译教科书或参考书,供有志学习并深造西班牙语—中文笔译的大学本科学生和硕士研究生使用,同时可以供长期从事西中高级笔译的翻译工作者参考使用。如果是从事西中高级翻译教学工作的读者,本书也可以作为翻译教学的参考。

  自 20 世纪 90 年代以来,笔者一直在西班牙的西中高级职业翻译市场上从事高级翻译工作,并且在西班牙巴塞罗那自治大学翻译学院从事西中翻译教学多年,担任过西中高级翻译硕士研究所的所长,长期从事东西方远程语言的翻译实践理论的研究工作,积累了十分宝贵和丰富的翻译实务与教学实践经验。笔者将这些实践经验和理论研究心得归纳并提升到西中高级翻译实践理论,旨在提供一些提升中西翻译的质量以及翻译教学质量的参考。

  西中翻译的研究及教学目前多集中在文学翻译及实践经验的介绍,鲜有东西方远程语言翻译理论研究和翻译案例研究。本书的特点是:突出理论研究的重要性,以翻译理论引导翻译实践,并且以笔者经历过的翻译实际案例作为素材,进行翻译实践的探索与分析;在翻译案例分析方面,以整段文章的翻译分析替代句子的翻译分析。笔者认为,离开了社会、文化、科技和上下文背景，是不可能翻译出一篇有质量且能被读者所接受的好文章的。因此，学习高级职业翻译，必须从翻译整篇文章开始。

在选择翻译题材方面，笔者认为，在这个信息、科技飞速发展的时代，以经贸、科技和司法行政等代替文学题材是与时俱进的做法。文学翻译不太适应当代青年求职的需要，所以，其重要性在今天的翻译领域逐渐减弱。因此，本书只探讨文学以外的各类实用题材的西中翻译问题以及翻译能力的提升问题。

在分析翻译过程中，本书不再探索各类翻译技巧，因为前辈提出的许多翻译技巧都是经验之谈，都是翻译之后的体会。笔者认为，过多的翻译技巧无法培养并提升高级翻译的综合能力，因为没有一个译者在翻译之前或过程中，会想着要运用什么翻译技巧，而是考虑应该如何处理好原文中出现的许多棘手的语言、文化和知识方面的问题，并用中文表达好原文的每一个句子、每一个段落，撰写出一篇流畅易懂的译文。这个处理翻译问题的过程才是本书所要探讨的重点。只有这样的分析与探索，才能够使读者获得翻译综合能力的提升，掌握解决翻译问题的多种途径。

一名合格的西中高级翻译，不仅需要具备解决各种翻译问题的综合能力，更需要掌握翻译市场的动态和运作，这是不可或缺的综合素质与能力。本书的特色之一是全面介绍西中翻译市场的运作，包括西班牙翻译市场的价格、客户来源、如何报价以及收取翻译稿酬等一系列步骤，使读者在学习本书之后，能够独立地在翻译市场上施展才华。

任何一位有志成为西中高级翻译的年轻人，必须掌握而且精通西班牙语及其文化，同时，必须掌握并精通自己的母语——中文以及中华文化。本书在论及翻译理论与翻译实际案例分析之前，以比较语言学的方法，全面介绍西班牙语的特点以及西班牙人的思维与表达方式，以期读者能够对西班牙语有一个新的认识，从而使翻译水平能够有一个质的飞跃。

翻译理论是一个具有挑战性与探索性的学术领域，本书所阐述的理论与观点，都是可以进行进一步的探讨并发展的。笔者本着探索、启发和思考的学术态度完成本书的撰写工作。任何一篇译文都不是最完美的、最终的范本，这大概是翻译的最大特点。书中的所有译文答案都只能作为参考译文来看待，读者或许可以给出更好的译文。所有的译文都是作者经手的实例，如果读者在本书中发现任何纰漏、错误或误译之处，恳请读者谅解并匡正。

由于西中翻译理论与翻译教学方面的参考书十分匮乏，希望本书能够为西班牙语界的翻译理论研究、翻译实践以及翻译教学提供有价值的参考，也希望西班牙语翻译界有更多的学者加入西中翻译实践理论与教学的研究工作，为提升西中翻译的质量以及翻译教学质量，为培养更高水平的西中翻译人才做出更多的贡献。最后，借此书表达我对所有巴塞罗那自治大学翻译学院西中高级翻译专业硕士生的由衷感谢，是他们给了我巨大的勇气并启发我写成本书。正是这些非常可爱的年轻人给了我许多探索分析翻译错误的机会。感谢他们允许我将他们的翻译错误放进书中进行分析、探讨，使之有了一定的借鉴价值。同时，还要感谢韩菲菲同学、李晓白同学帮我校对文字。即使这样，本书难免还会有纰漏，恳请读者谅解。

前　言

一、何谓高级翻译?

1. 什么是翻译?

简单地说，翻译是在两种语言文字之间进行的转换。所以，翻译是一种技能，是一种"会做"（know to do）的能力：译者"会"走过一条翻译的路径，即翻译过程。在各种不同题材、不同文章风格的情况下，译者"会"解决翻译过程中出现的各类问题。但是翻译不仅是一种"会"（know）的knowledge，而且也是一种"做"（do）的能力。从这两个层面上来讲，翻译不仅仅是一种技能知识（know to do），也是一种实际运作技能（know how to do）。[①]我们可以这样断定，"会""做"翻译是一种实际运作的技能。那么，所有实际运作的技能都必须通过亲身实践而获得，翻译也不例外。实践是成为合格翻译及高级翻译的唯一途径。课堂教学只能起到一个引路并帮助学生进入翻译行业的作用。

2. 什么是高级职业翻译?

高级职业翻译的英文是 professional translator，西文是 traductor

[①] HURTADO ALBIR A. Traducción y Traductología. Madrid: Ediciones Cátedra. 2001: 25.

profesional。如果我们只是将英文或西文的字面意思翻译成"高级翻译"（简称高翻），那么会误导读者，以为是在探讨与研究外交部门的高翻工作性质。为了与之区分开来，我们将中文定为"高级职业翻译"，因为我们探索的是一个自由职业，不是受雇于某个机构或公司的职位。要想成为高级职业翻译，首先必须弄明白下面的问题。

2.1 为什么要翻译？翻译的目的是什么？为谁翻译？

我们进行翻译，是因为各民族所使用的语言不同，文化不同。翻译源于不同的语言和不同的文化。我们进行翻译，是为了交际，为了克服因语言和文化不同所造成的隔阂。[①]因此，翻译的目的就是交际。翻译是为那些不了解原文语言和文化的人服务。译者从来不会为自己翻译。译者总是为一个需要他的人或群体进行翻译，所以译者是语言和文化的中介者。需要翻译的人或群体对译文的要求可能不同。如果翻译是因为语言和文化不同而诞生，那么，翻译没法做到译文同原文完全一致。尤其是东西方远程语言之间的翻译，比如西中翻译，由于两种语言和文化的差异实在太大，必然会产生不可译性以及原文和译文无法完全一致性的问题。翻译的诞生是因为人类需要克服因语言和文化不同而产生的隔阂，翻译的目的是交际。这是翻译的奥秘，也是高级职业翻译保证译文质量的关键所在。另外一点就是，译文读者对译文的需要。他对原文语言、文化和环境的了解程度以及对译文的期望与目的，这些因素都影响着翻译的质量，也左右着对高级职业翻译过程的思考和探索。

---

① HURTADO ALBIR A. Traducción y Traductología. Madrid: Ediciones Cátedra. 2001: 27.

2.2 高级职业翻译的基本条件

作为高级职业翻译的基本条件是必须掌握两种或两种以上的语言，具有相应的文化知识。进一步地细化，即译者必须具有正确理解原文（出发语）的语言能力，同时具有译文（目的语）的表达能力。两种不同性质和内容的翻译对语言掌握的要求是不同的。因此，译者需要具备恰当地使用语言的能力。许多学习西中翻译的学生，以为学好西班牙文就可以做一个合格的翻译，而在实际翻译过程中发现，这些学生更缺乏的是用母语中文进行表达的能力，往往是理解了西班牙文的原文，却没法用中文恰当地表达出来；即使表达出来了，他的译文也是西文思维方式下的中文，读者看不懂译文。我在西班牙的翻译教学过程中，对母语为中文的学生一再强调：作为一名高级职业翻译，西班牙语是外语，如果在翻译过程中，遣词造句不恰当或者出现动词变位和语法错误，但是达到了中西双方的交际目的，那么，读者会对译文表现出一种"语言宽容"。比如，一个初学中文的西班牙学生说"我学中文在上海"（能让人听明白，但是有语法错误），我们不会感到奇怪，因为毕竟他是作为外语在使用中文。但是，如果一个以中文为母语的成年中国人这么说，那他就会被质疑连幼儿园孩子的语言表达水平都没有达到。同样道理，从西班牙文翻译到中文，如果中文表达得不通顺、不流畅，不符合中文的思维方式，那么，这个译文一定会受到读者的批评，毫无"宽容"可言。由此可见，注重中文表达能力的培养和提升是成为西中高级翻译的第一步。全面掌握两种语言知识并使用这两种语言是翻译活动的关键之一，但是，只掌握语言知识是不够的，译者还必须掌握语言以外的知识：围绕原文的文化知识以及围绕译文的文化知识。西中高级职业翻译，不仅仅要掌握西班牙文，更需要了解并掌握西班牙文所涉及的各种文化要素。问题是，西班牙语比较复杂，因为有二十几个国家将西班牙语作为官方语言来使用，因此，将涉及这二十几个国家的文化。如果将这二十几个国家的西班牙语及其文化混为一谈，那么就不可能成为一名真正的西中高级翻译。业内人士都非常清楚，西班牙的西班牙语和墨西哥的西班牙语在遣词、造句方面均有很大的差异。用墨西哥的西班牙语去为西班牙人做西中翻译，只能是一种普通的沟通式翻译，绝无翻译质量可言，更谈不上达到高级职业翻译的水准。因为西班牙与南美国家有许多用词习惯不同。这些不同，有时候会产生歧义。比如，"签证"一词，在西班牙习惯用 VISADO，而在墨西哥和南美，习惯用 VISA（受美国英文 VISA 的影响）。而在西班牙，VISA 一词往往会让人马上想到 VISA 信用卡。"电脑"一词，在西班牙用 ordenador，而南美如秘鲁都习惯用 computador（受英文 computer 的影响）。在西班牙一说 computador，如果发音稍微不准一点儿，就误以为是 conmutador（交换器）。"会计"一词，在西班牙习惯使 contable，而在南美如哥伦比亚习惯用 contador。在西班牙一说 contador，就会让人马上想到水表或煤气表（contador de agua o de gas）。西班牙语的翻译质量从何而来？必须从西班牙语所涉及的社会和文化中来，掌握每个西班牙语国家的社会文化，善于区别各国的习惯用语是成为一名高水平的西中高级职业翻译的前提与保证。

此外，是否掌握西班牙语原文所涉及的知识内容是衡量一名译者是否合格的最重要的标准。原文所涉及的知识内容因题材的不同而千变万化，而且难易程度完全与译者自身所掌握的知识多少有关。我们必须承认，一名高级职业翻译不可能上至天文地理，下至黎民百姓的日常生活知识都知晓。但是，精通几门专业知识是完全有可能而且是必要的。比如，西班牙在食品行业、建筑设计以及体育运动方面比较发达，这些行业是西中高级职业翻译能够获得最多翻译工作的行业。掌握了这些行业的专业知识，再加上语言文化知识，那么，就能成为一名合格的、具有竞争力的译者。所以西中语言之外的知识对翻译来说是必不可少的。

从翻译的特征来看，任何人，只要掌握一门外语，再加上一些语言外的知识就能做翻译了。但是从高级职业翻译的实践经验来看，这是不够的。译者还需要具备文章转换的能力，这种转换的能力在整个翻译过程中是必不可少的。文章转换能力涉及对原文的理解以及译文的撰写水平。译者从一种语言符号转换到另一种语言符号的过程中，必须做到不受原文思维和表达方式的干扰，使译文完全符合目的语读者的阅读和社会文化习惯。这种转换能力是译文能够达到高水平、高质量的最大保证。为了能够撰写出高质量的、具有专业水准的译文，译者需要掌握各种补救策略来弥补因语言和文化不同而产生的差异。掌握这些补救策略可以帮助译者面临翻译过程中的各种挑战，解决翻译过程中出现的问题。在翻译教学实践中，许多学生就是因为掌握了这些补救策略，从而具备了一定的翻译能力，做起翻译来得心应手。

高级职业翻译掌握了语言、文化和知识，如果从翻译本身来看的话，似乎已经具备了所有的条件，但是，从翻译职业性质来看的话，译者还需要具备经营的能力，比如：了解和掌握翻译市场的运作规律、客户来源和客户结构；掌握翻译的市场价格动态及其变化、翻译委托合同条款等；此外，还必须掌握电脑以及各种翻译软件。因为高级职业翻译是自由职业人，需要依靠翻译市场来维持自己的工作。即使不靠翻译来生存，而是将翻译工作作为第二职业来做，也需要掌握本地翻译市场的动态。在今天的网络时代，中西之间的交往非常频繁，了解两地的翻译市场动态具有现实的意义，可以提升译者自身的竞争力。

综上所述，如果我们把语言、文化和知识以及三项能力（文章转换、掌握补救策略以及翻译市场的经营等能力）综合起来，就可以做到对原文的正确理解，进行高质量的翻译工作，并且在翻译市场具有一定的竞争力，能够依靠翻译工作生存。所以，再次强调，文章转换能力、掌握补救策略的能力和翻译市场的经营能力是高级职业翻译必须具备的基本条件，同时也是高级翻译同那些掌握一门外语而在做翻译的人的根本区别。

二、当代西方翻译理论概要

自汉以来，翻译，就是人类社会活动的重要组成部分之一。从佛经的传入到丝绸之路传播中华文化到西方，翻译已经有着上千年的历史，对翻译行为的反思可以追溯到千年前的唐朝。但是，我们在翻译理论的研究，尤其是以中文为目的语的翻译研究远逊色于西方翻译理论界。从20世纪80年代起，当西方逐渐形成翻译理论或曰翻译学的时候，我们还在无休止地争论各种翻译技巧，许多翻译理论与研究都脱离不了翻译技巧和翻译模式的框框。近些年，中国开始出现具有自己特色的翻译学与独立的翻译专业，这是非常可喜的发展方向。同时，借鉴西方翻译理论方面的成果，可以帮助我们以更快的速度建立起以中文为目的语的翻译理论体系，也就是东西方远程语言与文化之间的翻译理论体系。在这个理论体系完全建立起来之前，我们需要全面、完整地了解西方翻译理论研究的现状和未来的发展方向。目前在欧美各国蓬勃发展的翻译学主要表现在三个方面：理论性研究、描述性研究和应用性研究。鉴于本书的实用性特征，我们选择与书面翻译（笔译）研究有关的理论进行简要描述。

翻译是一种技能，而翻译学是一门学科，一门研究翻译的学科。专门研究翻译实践与经验的方方面面。翻译学是一门具有科学性的学科，需要同其他许多学科建立关系。因此，西方翻译学理论首先在翻译与翻译学之间做一个界定，对翻译的行为进行分析，将翻译描述为符号间翻译、语言内翻译和语言间翻译。然后确定翻译的目的与特征，解决一系列的问题：为什么要翻译？翻译的目的是什么？为谁翻译？谁来翻译？翻译者的基本条件是什么？根据"交际目的优先，目的语适用性优先"的翻译两大基本原则，将翻译特征归纳为创作行为、交际行为和认知行为。

对翻译的分类与描述进行理论化，按照传统的分类以及现代翻译理论的分类，将翻译的类别与级阶进行分类，同时也对"翻译方法""翻译过程及其性质"进行描述。比如，翻译种类可以分为专业性文章翻译和非专业性文章的翻译以及文学作品翻译。翻译形式的特征是笔译、视听译、口译，电影译制、电影字幕翻译，歌词翻译，图片和连环画翻译；如果再将口译细分类的话，可以有同步传口译（同传）与逐步（交替）传口译（交传）、视觉翻译，还有随着最近十多年电脑的蓬勃发展而出现的电脑软件程序自动翻译和多媒体产品的翻译。

在翻译学方面，首先是研究翻译的演变过程，也就是翻译史的研究。西方翻译史从古代、中世纪、文艺复兴时期到20世纪上半叶被划分为第一阶段，该时期的翻译理论特征是在直译与意译之间的理论争论。圣经派主张的翻译理论与文艺派主张的翻译理论截然不同。从早期的现代翻译理论发展到今天的西方翻译理论（即翻译学）已经大半个世纪。20世纪下半叶出现的翻译高潮催生了新型学科——翻译学。因此，西欧翻译史与中国翻译史之间的比较将是中国翻译理论研究首先需要解决的课题。只有解决了这个课题，才能建立起具有中文特色并且以中文为目的语的东西方远程语言翻译理论体系。

西方当代翻译理论研究的焦点主要集中在翻译的功能、过程与结果三个方面。也就是说，翻译理论围绕着语言、文章、认知、交际与社会文化以及语言哲学与诠释等五个方面进行研究，从而成为西方当代翻译理论的一个组成部分并形成翻译学。但翻译学出现之后，翻译理论的研究人员开始对翻译学的特征、学科的名称、各种术语及各种定义进行探讨，试图为翻译学做一个大家都比较能够接受的定位，同时，对翻译学的研究范围、分类和研究目标进行探索。比较有影响力的观点是 J. Holmes 提出的翻译学主要在三个方面进行研究，即：翻译的理论性研究、描述性研究和应用性研究。理论性研究的课题主要表现在分析翻译的不同模式：语言性模式、文章性模式、交际性模式、社会文化模式、认知模式等。描述性研究的重点有三个课题：对不同种类的翻译进行描述；对翻译功能、翻译过程和翻译结果进行描述；对翻译学演变过程的描述，即翻译历史的研究。应用性研究主要集中在五个方面，即：翻译质量与结果的分析与评估；普通翻译专业与高级翻译专业的教学；翻译在外语教学中的作用与应用，即教学性翻译；为培养译员而进行的外语教学；信息资源在翻译中的应用。这五个方面的研究都会同其他学科发生横向联系。西方翻译理论体系在确定了翻译学的三大研究方向之后，对翻译学的研究方法做了量性与质性的分类，提出了翻译学上常用的研究方法，即实验性研究方法。这不是翻译学中唯一的研究方法，但是目前普遍采用的一种研究方法。

在确定了翻译学的研究方法之后，对翻译过程和结果的分析与研究确立了以下九项主要的方向与课题。

对忠于原文（信）的研究：这是在整个翻译史上最重要的一个课题。

翻译的等同：关于翻译的等同有许多研究，包括等同观点在翻译学上的演变、翻译等同的主要特征和争议、等同所产生的利弊、翻译等同的灵活性（动态等同与等效等同）、翻译等同的类别、翻译等同的相关性和变通性等。

翻译的最小单位，即翻译过程中最小的沟通单元。

翻译的不变性及其特征：书面性、上下文、功能性与灵活性。

翻译的方法。西方当代翻译理论对翻译方法提出四项基本要点：二分法、折中方法、合理性翻译方法、功能性翻译方法。依照不同的翻译功能进行分类，对于翻译方法的研究具有极其重要的意义。同时，对分析翻译方法设定了基本的前提。

翻译技巧：对翻译技巧的定义、分类与分析。

翻译策略。

翻译问题的解决。

翻译错误的分类、认识与分析。

这九大课题都是东西方远程语言翻译理论体系中需要进行研究的课题。所以，翻译学有着众多的研究课题和非常广泛的研究前景。

目　录

第一章　西班牙语的特征

第一节　西班牙语的语言特征

西班牙语来源于拉丁语，属于拉丁语系中的一门非常重要的语言，具有两千多年的历史。古代西班牙语与现代西班牙语在文法上差别不大，但是在用词方面却有着非常明显的差异。伊比利亚半岛上所使用的西班牙语同拉丁美洲各国所使用的西班牙语在文法方面没有什么差别，但是在发音与用词方面却存在着很大的差别。所以，西班牙语是一门十分复杂、庞大的语言体系。由于使用西班牙语的国家多达二十几个，地跨欧洲、非洲和美洲，因此，所涉及的各国文化千差万别。西班牙语的第一个特征表现在简单而非常容易入门的语音体系。对中国人来讲，会有一种相识感，因为汉语拼音方案采用拉丁字母，而西班牙文也是拉丁字母。比如，西班牙语的5个元音"a，e，i，o，u"同汉语拼音"a，e，i，o，u"一模一样。而23个辅音，只有一个音——"r"在汉语拼音中没有对应的发音，其他可以找到对应的发音。所以，西班牙语入门要比英文容易很多[①]。另

[①] 关于汉语与西班牙语发音对照表，请参看 ZHOU M K. Nuevos mercados, China: vol. 1. Barcelona. UTE Novartia, 2008:10-23.

外，不需要注音标。与汉字一样，一个西班牙语的词，具备了最基本的三个语言条件：语音、书写和词义。如：Barcelona 一词，包括语音、语调、书写和词义。也就是说，掌握了西班牙语的发音体系，就可以开始朗读任何一篇看得懂、看不懂或者一知半解的文章，比如朗读报刊文章。从这层意义上讲，西班牙语是世界上最容易上口的语言之一。

西班牙语的第二个特征是其完整而复杂的语法体系。西班牙语是入门容易精通难，其语法体系比英文要难很多，是欧洲语系中最难掌握与精通的语言之一。这并非因为它历史悠久，词汇丰富，而是它的一些语法要点毫无规律可循，只能在实践中慢慢体验、领悟。这一点同汉语极其相似：汉语语法简单易学，可是还有很多语言现象根本无规律可循，必须一点点地去学习、体验并通过大量实践才能掌握。

那么，西班牙语最难掌握的是什么？根据大部分人学习西班牙语的经验，西班牙语的第一难点是它的动词变位，中文没有动词变位，所以，这个特征对中国人来说，就变得更难。西班牙语动词变位有 4 个式（modo），17 个时态（tiempo），涵盖了昨天、今天和明天，还要将昨天的明天，昨天的昨天，明天的昨天等交叉时空的现象都包含在内。作者曾经问过西班牙学者，下面这样一句中文，译成西班牙文，在理解上会有问题吗？

今天我去你家。Hoy yo ir (voy) a tu casa.
明天我去你家。Mañana yo ir (iré) a tu casa.
昨天我去你家。Ayer yo ir (fui) a tu casa.

答复是：没有任何理解问题。既然不用动词变位也可以表达完整的意思（中文特征），那么，西班牙语的动词变位就显得非常复杂、难懂、难记。一个动词，简单现在时就可以衍生出6个新的生词，再加上不规则的变位，那么，就显得更难：一个"去"字＝ir，要变出6个新的单词：voy，vas，va，vamos，váis，van。动词变位是西班牙语的特色之一，也是难点之一。其困难程度可以用一个现象来证明，许多在西班牙居住二三十年的华人，自我感觉在说一口流利的西班牙语，确实很流利，可是每句话里的动词都没有变位。所以，正确地使用动词变位是入门并精通西班牙语的第一步，也是区分是否正规学习过西班牙语的分水岭。

第二个难点是西班牙语的冠词用法。语法上，西班牙语的冠词用法非常明确，不确定的情况使用不定冠词：uno，una，unos，unas；如果是确定的情况，则使用定冠词：el，la，los，las。初级入门阶段，这个规定非常适用，也非常清楚：un amigo（一个朋友）、los amigos míos（我的那些朋友）。但是，进一步深入就会发现在实际运用中并不能简单地划分出确定与不确定，这就是冠词使用的难度。比如："西中语言比较研究"，这里的"语言"和"研究"两个词是确定的还是不确定的？应译为"Un estudio comparativo de la lengua china y la española" 还是"El estudio comparativo de la lengua china y la española"。如果说"语言"一词是确定的，用定冠词las，那么，按照语法推理的话，"研究"一词也应该是确定的，因为都有修饰词在后面，但是这里，语法上规定的使用规则不适用，语法推理也不管用，只有社会习惯用法才为大多数人所接受，而且可以什么冠词都不用。什么都不用，也是冠词的一种用法，因此可翻译为"Estudio comparativo de la lengua china y la española"。所有学习并使用西班牙语的外国人，尤其是东方人，都深感西班牙语入门容易，精通难。如果想掌握西班牙语，需要在西班牙或美洲实际生活相当长的一段时间，而且许多的西班牙人也没有完全掌握自己的语言，也是凭语感和直觉以及语言习惯来使用西班牙语，更何况才学习、使用了三五年的东方人。要怪只能怪那些创造西班牙语的僧侣，整天关在修道院里，挖空心思地将西班牙语改造得越来越复杂，越复杂越好，这样才显出他们有水平、有修养、有语言天分，才能不为一般人所掌握。这是作者多年潜心钻研西班牙语实际运用规律之后得出的肤浅结论。

第二节　西班牙语的表达方式

使用西班牙语表达思想和情感，最大的特征是没有时空概念，所以，也就没有词序的规律。比如：西班牙语在表达时间概念的时候，"今天""昨天""去年""下星期"，等等，可以出现在句子的任何一个地方：

Hoy voy a tu casa. 今天我去你家。

Voy a tu casa hoy. 今天我去你家。（不能说：我去你家今天。）

西班牙语的时间补语（表示时间）可以随意放在句子的任何一个位置上。但是，用中文表达思想和情感，最注重时空概念，所以，"今天"一词不能随意放在句首或句尾，必须按照中文语法规定，出现在句首或者放在主语之后，但是在谓语之前。如果说，西班牙语的时间表达是自由的话，那么，空间的表达方式也是自由的：

Estudio el español en España. 我在西班牙学习西班牙语。
En España estudio el español. 在西班牙我学习西班牙语。
Estudio en España el español. 我在西班牙学习西班牙语。

西班牙语的地点补语（表示空间）可以随意放在句子的任何一个位置上，而中文却不行，必须出现在句首或者放在主语之后，但是在谓语之前。所以西班牙人学习汉语时最容易犯的错误是：我学习汉语在中国。而中国人学习西班牙语时只会一种与中文相对应的表达方式。如果从中文的表达方式来看西班牙语的时空表达方式的话，我们可以说，中文非常尊重时空表达的顺序，而西班牙语则打破了时空概念表达的约束，可以自由、任意地发挥。由此，也可以用语言特征来印证这样一个事实：西班牙人是欧洲人中最不善于运用和管理时间的民族之一。西中翻译中就要注意这个时空表达上的差异，在中译文里必须对时空表达进行修补、理顺，符合中文的表达习惯。如果说西班牙语对时空概念的表达是可以自由发挥的，那么，西班牙语对逻辑连贯表达则是完全与中文相反。因为可以打破时空局限，所以表达的思想就必须符合一定的逻辑。这样，才能通过语言传递思想和情感。西班牙语表达思想的基本逻辑是：主思想在最前面（第一层思想）；次要、辅助性的思想在后（第二层思想）；如果还有第三层思想的，则在第二层思想的后面，依次类推。但这不是固定的，因为没有时空概念约束，所以，第一层、第二层和第三层思想可以交错地表达，而且每层思想之间往往没有实词或虚词来进行连接。而中文的表达方式正好相反：次要的思想在前，作为铺垫，最重要的思想在最后面，各层思想之间往往会有些实词或虚词进行逻辑的连贯。归纳起来，西班牙语的逻辑表达方式是跳跃性的，而中文的逻辑表达方式是横向直线型的。因此，如果不克服这样的中西文习惯表达方式之间的巨大差异，那么阅读西班牙语的文章并且将其翻译成中文是很困难的。下面举例说明。

No voy ahora porque está lloviendo.

现在我不去了，因为下雨了。（主思想在前，次思想在后）

下雨了，我现在不去了。（主思想在后，次思想在前）

下面看一段西班牙《先锋报》上刊登的读者来信：

Comprendo que, existiendo los alegados motivos de salud pública, nada puede significar el gusto de alguien que, cualesquiera fueren sus servicios pretéritos, ha llegado a ser, como las palomas mismas, un parásito de la sociedad.

我明白，由于种种无可辩驳的、公共卫生的原因，不管这个人以前为社会做过什么贡献，现在已经同这些鸽子一样，成了社会的累赘，他的个人爱好已经无足轻重了。

上面一段文章，是一篇十分典型的西班牙语表达方式的文章，这样的文章在西班牙随处可见。

下面我们对西班牙语表达方式进行分析：

Comprendo que (1), existiendo los alegados motivos de salud

pública (2), nada puede significar el gusto de alguien que (1), cualesquiera fueren sus servicios pretéritos (3), ha llegado a ser (1), como las palomas mismas (4), un parásito de la sociedad(1).

主思想（第一层）：

(1) Comprendo que, nada puede significar el gusto de alguien que, ha llegado a ser un parásito de la sociedad.

次思想（第二、三、四层）：

(2) existiendo los alegados motivos de salud pública.

(3) cualesquiera fueren sus servicios pretéritos.

(4) como las palomas mismas.

西班牙语的表达方式，对时间的先后、地点的主次以及因果关系都不在乎，主要通过动词的时态变位来做逻辑和主次思想的连接。

如果按照中文的表达方式，次要思想在前，作为铺垫或者陈述原因（因果关系中的"因"）：

（1）由于种种无可辩驳的、公共卫生的原因（existen los alegados motivos de salud pública）；

（2）不管这个人以前为社会做过什么贡献（cualesquiera fueren sus servicios pretéritos antes）；

（3）现在已经同这些鸽子一样（como las palomas mismas）。

主思想在后，作为结论或结果（因果关系中的"果"）：

（1）成了社会的累赘（ha llegado a ser un parásito de la sociedad）；

（2）他的个人爱好已经无足轻重了（nada puede significar el gusto de alguien）。

中文必须按照时空先后、逻辑顺序和因果关系等原则来表达各类思想和情感。根据以上例子，我们得出简单的、直观的结论：西班牙语的表达具有跳跃、起伏性的特征，在主要思想的表达过程中，可以随意插入任何次要的思想。而中文的表达方式具有直线性的特征，必须按照时空、逻辑和因果关系来安排主次，不可以随意颠倒，否则，就显得语无伦次。这对西中翻译来说非常重要，因为如果在翻译过程中，我们不对中译文进行必要的调整，完全按照西文的表达方式直译成中文的话，那一定是语无伦次、艰涩难懂。大部分学习西中翻译的学生，最常犯的错误就是不知道如何对中译文进行必要的修饰、调整。我们对此将在下面的章节中进行阐述。

第二章　涉及翻译质量的若干要素

第一节　东西方远程语言翻译理论框架初探

在前言中提到，西方有关翻译理论的著作已经可以摆满一大书架，但是，我们更需要清楚地认识到，绝大多数翻译理论都是基于欧洲语言之间的翻译，即欧洲近程语言之间的翻译研究，目前还少有远程语言，即东西方语言之间的翻译理论研究。当今还没有形成一个完整的、基于东西方远程语言的翻译理论体系。所谓东西方翻译理论体系，不仅仅是中英文之间的翻译研究与理论，而是中文对欧洲所有语言之间的翻译研究与理论，找出其共同点，分析并归纳不同点。随着中华民族的崛起，东西方之间的交往越来越频繁。东方，尤其是中国真正有了百年不遇的契机，可以开始在翻译这个领域，以中文为目的语进行广泛而又全面的东西方远程语言翻译理论研究，从而逐渐形成具有东方特点的翻译学或曰翻译理论。

欧洲近程语言与东西方远程语言不仅仅只是以地理距离来划分，更重要的是以语言和文化之间的距离与差异来划分。从欧洲范围来讲，欧洲各国的语言为近程语言，因为它们有一些共同的特点：文化基础是基督教—天主教文化；语言基础是拉丁文字；人种是欧罗巴人种。所涉及的主要语言有：英文、法文、德文、西班牙文、意大利文、葡萄牙文等，这些语言之间的翻译都可以视为近程语言翻译。这些语言之间存在着语言和文化方面的差别。但是，比起远程语言之间的翻译，这些差异是小范围的。西方翻译理论的99%是构建在近程语言翻译之上的。例如："Internet age"（英文）和"era Internet"（西班牙文），从文字表面看就非常近似。但是译成中文，"网络时代"，从文字表面图像上看，就完全不同。

同样，从东亚范围来讲，东方各国语言也是近程语言，因为它们都有一些共同的特点：文化基础是儒、释、道文化；语言基础是汉字及以汉字笔画为基础的文字；人种是亚洲人种。所涉及的主要语言有中文、日文、韩文等。这些语言之间的翻译都可以视为近程翻译。这些语言之间存在着语言和文化方面的差别，但是比起东西方远程语言翻译，这些差异是小范围的。例如："儒家思想"（中文），"儒家思想"（日文），"유학사상—儒學思想"（韩文）。

远程翻译就是指东西方语言之间的翻译。远程语言，不仅体现在地理上的距离，更主要的是文字形体不同，而且在文化和思维方式方面存在着巨大的差异，这些差异在远程翻译中造成许多困扰。西方翻译理论对远程翻译并没有做出过很多研究，这是西方翻译界的研究人员和翻译理论学者力所不能及的地方。因此，这就需要我们东方翻译界的学者和研究人员进行探索，因为翻译学毕竟还是一门新兴学科，尤其是东西方远程语言间的翻译理论与研究。

远程翻译实践理论、研究与方法所涉及的方方面面不是一本著作能够阐述的，我们在这里只能围绕高级职业翻译所必须了解和掌握的一些基本理论，进行简单、扼要的阐述，从而能够对后面几章的翻译实例分析提供有力的理论依据。同时探索一些关于远程语言之间的翻译所遇到的因语言差异、文化差异、知识结构差异、宇宙认知差异而引起的苦恼、障碍以及可能的解决方式。

从剖析书面翻译的整个过程开始，直到阐明译者的使命，是从事翻译实践理论研究的一个最基本框架。其中所涉及的各个方面可以有效地指导翻译实践，从而达到高级翻译的水准。

第二节　翻译过程剖析

当代翻译实践理论研究中，最重要的课题之一是探讨翻译的质量，它是成为高级翻译必修的一课。任何掌握一门母语、一门外语的人都能够做翻译，但是，这样的翻译肯定是没有质量保证的翻译。而任何产品都讲究质量和品牌，翻译也是一种产品，是一种智慧的产品，更需要讲究质量，保障译者的知名度，即译者的品牌。那么，如何达到高级翻译所需的质量，如何把握并衡量高级翻译的质量，我们可以从翻译的过程来分析、研究高级翻译所必须达到的质量。

书面翻译过程示意图

原文作者　　原文　　原文读者　　读者兼译者　　译文　　译文读者
　　　　（出发语）　　　　　　　　　　　（目的语）

上述图示，向我们清楚地展示了译者的双重身份：既是读者，又是作者，而且不是一般的读者，也不是一般的作者。译者在整个翻译过程中，受到诸多外来因素的"干扰"，所以，充分认识译者的这个特殊处境，是进入"翻译迷宫"的首要前提。

一、译者作为读者

当译者在翻译之前，首先是阅读需要翻译的原文，因此，译者的第一角色是担当读者。当译者是读者时，有两种可能性发生。

第一种可能性：原文作者和原文读者同属一个语言和文化区域，甚至同一个知识领域。比如，一篇用西班牙文写成的、有关当今世界经济危机的学术文章，如果译者是以西班牙语为母语，中文为外语，而且也是经济领域的学者，那么，原文作者与原文读者之间的距离应该是零。这是最理想的翻译条件。如果这篇学术文章涉及的是 1973 年石油危机所引起的世界经济危机，那么作者与译者之间只有时代背景方面的差别。通过阅读当时的有关文章，获得更多的信息，可以克服这种差异。另外，这时候的翻译是"译出"（traducción inversa）——从母语翻译到外语。在这个假设的，也是最佳的翻译条件之下，原文读者和译者作为读者之间的距离应该可以做到零。这时候，译者对原文的理解与原文读者的理解是一致的，不存在理解上的任何偏差。而这种理论性假设，在翻译实例中可能只占百分之一。

第二种可能性：原文作者和原文读者不是同属一个语言和文化区域。比如，译者是以中文为母语，西班牙语为外语。这时候的翻译属于"译入"（traducción directa）——从外语到母语。在这种情况下，有几个因素会影响译者作为读者阅读、理解原文：对语言的掌握，详见本章第三节"语言要素"。对两国文化差异的了解以及对两国跨文化的掌握与运用能力，详见本章第四节"文化要素"。对原文题材和专业术语的掌握，详见本章第五节"翻译与知识"。译者的居住地。译者作为读者时，往往与原文读者不是居住在同一个国家、同一个城市。一篇在西班牙发表的学术著作或专业文章，可以在中国或者新加坡进行阅读、翻译。译者的居住地会在原文读者和译者作为读者之间形成距离，影响译者对原文的理解，可能达不到原文读者的理解水平。原文撰写、出版时间和翻译时间之间的距离。一部 20 世纪撰写、出版的著作，需要在 21 世纪的今天进行翻译，这个事实的本身就意味着时代背景的不同，原著的作者与译者之间在时间上存在着一定的时代差异。认识这个差异，熟悉并掌握原文作者所处的社会、人文背景，对于正确阅读、理解原文至关重要。

如果译者作为读者，能够对原文做到"零距离"的阅读理解，那么，翻译的质量就有了第一层的保证。因此，作为译者，必须要求自己像原文读者那样去阅读要翻译的文章。我们可以说，译者是一位极其出色而特殊的读者：他不仅需要尽最大的努力去理解并掌握原文，同时，他还要给另一个语言族群的读者传递原文的信息。所以，译者阅读原文时的目的与原文读者是不同的。

二、译者作为作者

作为一名高级翻译，第一，必须要知道，原文作者在写作一篇文章时，头脑中有一个想象的读者群。作者会想象，他写的文章是给大众读者看的，还是给专业人士看的。尽管最终的实际读者与作者想象中的读者可能会有一定的差距，但是，拥有想象中的读者是作者创作的动力之一。那么，译者在翻译的时候，头脑中也需要有这样一个想象的译文读者群：我翻译的文章是给大众读者看的，还是给专业人士看的。这个想象的读者群对译文的风格和译文的遣词造句有着重大的影响。一份商业合同不能译成散文、诗歌式的文章，因为阅读合同的读者绝对不会是文学作品的读者。所以，在运用目的语的时候，掌握好文风至关重要。第二，在正确理解原文的基础上，如果是"译入"的话，译者必须具备良好的目的语（中文）的表达能力。初学翻译的人经常会遇到的情况是：借助词典和专业百科全书以及网络，勉强看懂原文，但是，却不知道怎么用中文把原文的内容表达出来或者表达得不够地道。阅读文章是被动使用语言，表达思想是主动使用语言，两者间的差别，相信任何一位学习外语的人都能够感悟得到。关于被动与主动语言在翻译中的影响，请参看"语言要素"一节。如果是"译出"的话，那么对外语的掌握应该近似使用该语言的当地专业人士的水准。第三，译者对目的语的专业知识和专业术语的掌握。任何一篇文章都有其专业性。我们可以肯定，原文作者肯定对自己所写的文章、所要表达的信息或要传递的知识都非常精通。译者也应该掌握这些专业知识和信息，如果达不到原文作者的知识水平，那么，译者既不知道原文作者在说什么，也无法用目的语表达原文的意思和知识信息。一篇写给工程师看的文章，如果译者不是这个行业的专业人士，是很难能看懂原文的，更谈不上把它翻译成另外一种语言。这是显而易见的道理。许多希望成为高级翻译的年轻人，缺乏足够的知识。而要获得许多专业知识的基本前提是对所有的知识都抱有好奇心并且有足够的兴趣和热忱去钻研自己感兴趣的知识。运用在翻译上，掌握知识的捷径是掌握目的语（中文）的专业术语。通过专业术语的学习与领会，掌握相关的专业知识。关于知识与翻译的关系以及知识在翻译中的作用和影响，请参看"翻译与知识"一节。我们必须承认，没有一个译者能够掌握所有的专业术语，所以，欧盟翻译总署才创建了一个庞大的语料库①，帮助所有的译者以最快的速度找到目的语中相对应的专业术语。相信，不久的将来，在中文语区也能够建立起这样的专业术语的语料库，从而方便所有以中文为目的语的翻译工作者。第四，译者的居住地。译者作为作者时，往往与原文作者不是居住在同一个国家，同一个城市。一篇在西班牙发表的学术著作或专业文章，可以在中国或者新加坡进行阅读、翻译。译者的居住地与原文作者之间的距离会影响译者对原文的理解，而无法达到原文读者的理解水平。网络时代，距离不再是障碍，通过网络，可以随时掌握原文作者所在地发生的一切人与事，克服原文作者与译者作为作者之间的距离。初学翻译的人可能不能够充分认识到这种距离对原文阅读所产生的影响，但是，作为一名高级职业翻译，必须充分认识到这个距离的存在，从而尽可能贴近原文作者所处的社会人文环境，掌握第一手社会与文化信息。第五，原文撰写、出版时间和翻译时间之间的差距。一部 19 世纪撰写、出版的著作，需要在 21 世纪的今天进行翻译，这个事实的本身就意味着时代背景的不同，原著的作者与译者作为作者之间在时间与时代上存在着巨大的差异。认识并克服

---

① 关于欧盟专业术语语料库，参阅周敏康，顾鸿飞. 欧盟多语种互译专业术语语料库的启迪与借鉴. 中国翻译，2016，37（5）：70-75.

这个差异，熟悉并掌握原文作者所处的当时的社会、人文背景，对于正确阅读、理解原文至关重要，只有在正确理解的基础上，才能作为译文作者，将原文的所有信息用中文表达出来。

第三节　语言要素

在分析翻译过程的时候，我们已经提到语言对翻译质量的影响。在分析语言要素时，我们可以分成两个部分：被动使用语言和主动使用语言。阅读原文是被动使用语言。假设译者是用外语去阅读原文（大多数的翻译工作都是这样），不同于用母语去阅读，首先在语言上可能会遇到障碍，需要查阅有关的词典或专业术语词典。那么，从语言角度来讲，具有一定知名度的高级翻译，首先会在外语（西班牙语）上下功夫，把外语掌握到相当于母语的水准或近似母语的水准。可能吗？从作者身居西班牙二十多年的亲身体验来讲，是可能的，但是需要时间和实践。也就是说，在西班牙语国家生活十年以上并且努力融入当地社会，是完全可能做到的。所谓达到母语的阅读水准是从语言的实际使用来衡量的。我们说母语水准，是指一个人在用母语阅读报刊、书籍时，毫无任何语言困难或障碍。比如说，一个生活在上海的中国人，每天阅读上海的《文汇报》，会有困难吗？不会。那么，一个生活在巴塞罗那的中国人，如果每天用西班牙语阅读 *LA VANGUARDIA*（《先锋报》）而没有任何困难，那么，他就已经达到了母语的阅读水准。我们认为，平常使用母语最多的地方是阅读报刊、书籍以及街头的招牌和广告文字。因此，要想成一名高级职业翻译，首先就是在阅读当地报刊文章方面达到母语的水平，包括阅读的速度，理解的正确度以及了解、掌握这些信息所涉及的领域。另外，鉴于西班牙语在全世界二十几个国家作为官方语言使用，西班牙语的社会使用习惯本身就存在着内部的差异。所有精通西班牙语的中文译者都知道，伊比利亚半岛所使用的西班牙语同阿根廷使用的西班牙语习惯用语方面存在着一定的差别。熟悉并掌握这些差别，对一名西中高级职业翻译来说是必要的。被动使用外语（西班牙语），从阅读报刊文章开始，然后将阅读的范围逐步扩大到自己感兴趣的专业文章以及当代文学作品。当译者感觉自己的阅读水平基本达到母语的水平的时候，那么，他同原文读者的距离在逐步缩短，有可能达到零距离。相信，这个时候不会有人再怀疑译者的外语水平以及阅读原文的语言能力。这是所有想成为高级翻译所必须追求的最高语言目标。

特别要介绍的是，目前西班牙大学汉语教学还只是停留在被动使用汉语的水平上，也就是说，西班牙的汉语学生和汉学家只能看懂中文写的文章或文学作品，不会主动使用汉语，即无法用中文写作出一篇完整的文章或者做"译出"的翻译，即从西班牙文翻译到中文。因此，纵观全球整个西中翻译市场，主要还是华人译者居多。书面翻译，最重要的是主动使用语言。根据作者多年来在翻译教学第一线上所积累的经验，可以这么说，所有来自中文语区的学生，在学习翻译的过程中，最大的挑战恰好是中文，而不是西班牙文。如果说，一个中国人用西班牙文写一篇文章，即使有这样或者那样的语法错误或者遣词造句方面的错误，西班牙语区的读者是会宽容、谅解的，毕竟是一个外国人在使用外语进行写作。正如同外国人使用中文，只要他表达的意思基本清楚了，即使有一些语法错误，我们都是能够谅解的。也就是说，绝大部分读者对外国人使用读者自己的母语表达思想和情感，心理上都会有一定程度的宽容。但是，如果是一篇中国人使用中文写出来的文章，那么，中文读者对这样的文章就没有那么宽容了。只要有一两个语法错误或者表达上的不通顺，很快就会下结论：这篇文章语句不通，水平太差等。作为一名高级翻译，必须充分认识到这个语言的宽容度，才能时刻要求自己的译文不能有语法或表达上的错误。中文写作和表达能力是成为高级职业翻译的必备能力。在整个翻译过程中，需要使用两门语言，而掌握目的语（中文）的程度高低直接影响到译文的质量，也是译文和译者给译文读者所造成的第一印象。所以，当笔者在翻译教学过程中，发现学生的中文书面表达非常糟糕的时候，一般都会要求学生做一篇作文。如果他的作文很好，没有问题的话，那么，将学生作的译文和作文进行语言文风比较，学生自然就会明白，为什么他的译文，阅读起来那么艰涩，不如中文作文那么流畅易懂，因为他的译文受原文表达方式的影响太大。如果学生的中文作文也很差，那么，他也会明白为什么他的译文总是不好。提高中文书面表达能力的途径只有一个：多阅读，多写作。既要阅读报刊、文学作品，也要阅读科技文献和知识性文章。读多了下笔自然有神。所有的阅读和写作都不是大学本科或研究生学习一两年能够完成的，而是一项长期的工作。大学的翻译课充其量只能是入门，正如古人曰，入门靠师傅，修行靠自己。时间与实践是培养高级职业翻译的最佳途径：坚持不懈，持之以恒，不断实践。高级职业翻译一定是经过这样的努力炼成的。

第四节　文化要素

如果说语言是一个民族的外表的话，那么，文化就是一个民族的灵魂。语言与文化的关系是任何一个学习翻译的人都需要了解、掌握的课题。如果具体运用到西中翻译上，那么，正如前面阐述的那样，西班牙语在文化方面，与中文最大的差异表现在思维方式和表达方式不一样。原文读者与原文作者同属一个文化区域，他们之间不存在任何文化距离。当译者作为读者时，也应该做到与原文读者一样，克服文化方面的距离，才能与原文读者一样，非常精确地理解原文。关于什么是文化，已经有很多著作；关于跨文化和交际文化也有不少学术文章。我们需要了解的是：如何充分认识文化要素在翻译过程中的影响和作用。在西中翻译中，我们会发现，凡是不了解或者不掌握西班牙文化的译者，是不可能百分之百地理解西语原文的。一个最简单的日常例子，西班牙人喜欢喝咖啡，吃面包，所以，围绕着咖啡和面包有许多词语，而这些词语在中文里几乎是找不到相应的或对等的词语。如果不了解其文化习俗，那么，就不可能用中文准确地描述这些习俗。比如："cortado"和"café con leche"，均可译为咖啡加牛奶。而前者是咖啡多，牛奶少；后者是牛奶多，咖啡少。因为咖啡多，牛奶少，所以用的杯子就比较小；而后者，因为牛奶多，咖啡少，所以杯子可以大一点儿。中文却没有这样一个专门的词语，可以准确表达西语"cortado"一词就能够表达的意思：小杯，浓咖啡加一点儿牛奶。如果再复杂一点儿，还要在浓咖啡和牛奶的基础上加几滴朗姆酒，西语称"trifásico"，这就更找不到相对应的中文词了，因为这是西班牙的特有文化习俗。每个民族都有自己的文化特点，而这些特点在另外一个民族中是绝对不存在的。现在，译者要把原文中包含的文化要素传递给另外一个民族，却苦于找不到相对应的词语，从而认为是不可译性。其实，在任何翻译中，没有不可译性，只有译者能力达不到的可能。

第五节　翻译与知识

什么是翻译？简单地说，翻译是把思想、内容和知识从一种语言转换到另外一种语言。什么是语言？语言是符号。符号是什么？符号代表思想和知识。先有语言符号还是先有思想和知识？关于这个话题，是任何学习翻译的人都必须要弄明白的，因为明白了语言与思想之间的关系之后，就能够从本质上明白翻译是在做什么工作。所以，笔者在这里简单介绍一下有关语言与思想谁先谁后的争论。目前在学术界存在着三种观点。

先有语言，后有思想。美国语言学家诺姆·乔姆斯基（Noam Chomsky）是这个理论的倡导者。他认为，语言影响或左右着人的思维能力（思想），因此思想是语言发展的结果。如果说，说话人头脑中的语言不受外界社会的影响，甚至说，语言加快了我们人类的抽象能力、心理和智商的发展的话，那么，我们或许更容易接受乔姆斯基的这个理论。

先有思想，后有语言。瑞士心理学家让·皮亚杰（Jean Piaget）是推崇这个观点的最具影响力的倡导者。众多心理语言学家也赞同这个理论。我们日常生活中也常常会说："真不知道该如何用语言来表达。"皮亚杰认为，思想从行动中来，而语言是思想从行动中释放出来的一种方式。正如儿童学语言，是人的智力和思想发展到一定程度之后才能学习的。所以，先有思想，后有语言是必然的。

思想和语言是同步发生的。这是苏联语言心理学家列夫·维果茨基（Lev Vygotsky）所推崇的理论。他认为，思想天生就具有语言性，语言同思想是紧密连在一起的，两者不可分离。语言是思想的工具。

作者在此引述这三个观点是想阐明一个观点：作为一个高级翻译，如果能够充分理解并认识到语言是表达思想的工具，在任何翻译过程中，紧紧抓住原文思想，那么，再难的翻译也都能够迎刃而解，克服不可译性。只有在学好语言的基础上，不断掌握各类知识，理解各种思想，才有可能成为一个合格的高级职业翻译。因此，我们可以说，知识在翻译中占有极其重要的地位。

那么，做一名高级翻译，需要什么样的知识？在知识爆炸的今天，什么都知道、都掌握是不可能的，但是，对所有的知识和新信息保持好奇、有兴趣是可能的，因为，不知道哪天在翻译工作中会遇到。比如，女人对时装比较敏感，抱有极大的兴趣，但是对新款汽车可能一问三不知，因为没有足够的兴趣去了解。相反，男人可能对汽车情有独钟，而对时装不够敏感。从翻译角度来讲，对两者都保持兴趣，是高级职业翻译所必备的一种素养。

首先，翻译者必须对使用西中两种语言国家的政治、经济、历史、地理、人文和文化有一个基本的了解。其次，对各项最常见、最现代的专业知识有一个基本的了解和掌握，经济、企管、金融、环保等，了解得越多越好。每年开学的时候，笔者在第一堂翻译课上，都会让学生做一个问卷，10道最简单的知识题，能够答全、答对的学生不超过百分之十。由此来提醒学生："你的知识还很不够。"

如何了解并掌握知识？笔者的建议是在实践中学习。首先是大学的翻译教材，有知识含量的教材才适合在翻译课上使用。这样学生既学习翻译，又学习知识。笔者的教学体会是：有的时候，为了讲解一段翻译，必须先讲解原文所涉及的知识。其次，是在翻译实践中获得知识。比如：我在做"汽车维修"培训教材的翻译时，逼迫自己去学习有关汽车的知识。刚接触汽车行业的知识时一定很难，有很大的挫折感，而且觉得可能会失败；但是，第二次再做同样的汽车行业的翻译，就觉得好很多，有一定的成就感；第三次再做，就成为这个行业独一无二的、具有竞争力的高级职业翻译。相信所有独具竞争力的高级翻译都是这么走过来的。所以，绝对不能拒绝第一次的翻译实践机会，因为，即使失败了，你损失的是报酬和客户，却得到了知识和翻译经验。如果成功了，你既赢得了客户和报酬，还获得了知识、经验和市场。认识到知识对翻译的影响，那么就会充分掌握翻译所涉及的题材。对于一篇有关当今世界经济危机的学术文章，一个学西班牙语语言文学的肯定不如学世界经济的学者理解得深刻。这就意味着：一个以中文为母语的学者，即使很好地掌握并精通西班牙语，也不一定能成为高级职业翻译。作为高级职业翻译，一定需要掌握原文题材所涉及的相关知识。我们都知道，译者不可能什么专业知识都掌握，都精通。因此，初学翻译的人，每一篇要翻译的文章都是一项挑战，需要学习新知识。而大部分的知识不是大学的课堂里都能传授的。所以，高级翻译不是在大学里学出来的，而是在社会实践中做出来的。大学的翻译课是入门，是引路，可以让学生少走弯路，直接奔向高级翻译这个目标。其次，原文作者必定是行业的专家，写出来的文章也是给专业人士看的。如果译者不是这个行业的专业人士，那他既看不懂原文，也无法用目的语（中文）来表达，因为原文读者和译者作为读者之间存在着专业知识上的差距。高级翻译所要做的工作就是尽一切可能，做最大的努力来填补这个鸿沟，使译者的知识水平达到或接近原文读者的知识水平。掌握原文所涉及的题材和知识是高级翻译必做的功课。

那么，就会有人问，人的时间有限，尤其是大学学习时间更是有限，是把时间放在学习语言上还是投入到学习知识上。这个问题就涉及语言与知识的关系。作者认为，拥有知识，你就拥有语言。用中文获得信息与知识，那么，你的中文在这个领域就会很好，如果再用西班牙文获得同样的知识，那么，你的翻译一定是一流的。因为，你不是在翻译，你是在做知识内容或思想内容的对应和对等工作。这才是翻译的精华所在。拥有一个行业内丰富的知识，可以成为这个行业的翻译高手而无强劲的竞争对手，是高级翻译生存的必要条件。翻译市场上不是以价格来竞争，而是以知识来竞争。

第六节　翻译的种类

从实践翻译理论出发，并且根据翻译的社会职业环境，可以把书面翻译分成如下十大类。

1.科技翻译：包括百科全书、科技文献、专业文章、专利文件、产品的使用说明书、科技公司的各类技术产品介绍、各类普及知识的小册子等。其特点是知识复杂，语言简单。

2.法律翻译：各项法律和法令、规定和条例、合同、公证书、起诉书、判决书等。翻译职场上，最常见的就是来自各级法院的文件。特点是法律知识内容和法律专业术语极多。语言特点是简单明了，言简意赅。

3.经贸翻译：各类经济和金融文章、商业书信、公司数据、各类导游手册、电子邮件、传真文件、公司商业介绍、各类商业和企业品牌、各类商业谈判和商业会议记录、董事会会议记录和决议。特点是原文含有大量的商业和经贸知识，商品名称非常专业化。语言特点是简单明了。

4.行政翻译：外交文件、国际会议文件、各类政策性文件、各级政府管理机构的各类文件等。特点是及时跟踪国际、国家及地方各项政经大事，语言时效性和逻辑性极强。

5.宗教翻译：所有与宗教文献有关的翻译，如圣经、佛经等。特点是必须了解东西方许多宗教故事。语言表达简练。

6.文学翻译：各类小说、诗歌、散文、游记等。特点是必须具有一流的目的语表达能力和文学素养。

7. 广告翻译：图文并茂的文件、解说、张贴画等。特点是文字内容与图像内容必须在文化上和商业上吻合。

8. 媒体翻译：新闻媒体的各类文章。特点是时效性和实用性，所以必须快速，抢时间。

9. 电影、电视翻译：电影、电视剧本。特点是从书面到口头（供配音之用）或者从书面到快速阅读（供字幕用）。

10. 普通翻译：菜单、便条、请假条、书信、个人报告。特点是简单易懂，缩略词语会居多。

从翻译形式来看，翻译可以分成笔译、口译和视听译。笔译是各类翻译中最古老、最重要的翻译行为，从西方的圣经翻译到东方的佛经翻译，都是最典范的翻译。笔译的基本特征是书面文章，包含了所有可能的题材。译者对原文必须具备很强的阅读理解能力，同时具备娴熟和高超的目的语表达能力。这样的译者才可以称之为优秀的原文读者和出色的译文作者。每项书面翻译都有自己的语言风格、专用的词汇和表达方式，使用语言的习惯也不尽相同。而中文在书面语与口头语之间的区别更甚于西方语言。所以，译者必须十分了解并掌握中文，在翻译时，充分认识到原文的目的是什么，译文的目的是什么，使译文能够真正达到其目的。

了解翻译的种类和形式可以帮助我们进行翻译市场的划分（口译翻译市场和笔译翻译市场），掌握翻译市场的价格变化动态（文化翻译价格、普通翻译价格和专业性强或时效性强的翻译价格），因为不同的翻译形式，有不同的市场价格。不同领域内的不同文章具有不同的作用。不同的题材要求译者具有丰富的语言之外的知识，从而产生不同的职业翻译（法庭翻译、文学翻译、商贸翻译和科技翻译等）。翻译行为是一个错综复杂的社会行为。作为译者，必须清楚自己在从事什么样的翻译，从而提高翻译效果和个人收入。

第七节　翻译与辞典

所有学习翻译的人都会想到，在翻译过程中，可以查阅各类辞典来解决语言问题。因此，辞典在翻译过程中有着重要的作用。我们必须承认，无论是网络还是图书都可以帮助译者克服一部分语言障碍，但不能帮助译者解决知识方面的问题，更不可能帮助译者提高译文的写作和表达能力。

辞典是怎么做出来的？辞典是按照一个个词条来注释的，而每个词条都是独立的、无任何语言环境、文化背景衬托的，是一个干巴巴的词。辞典里的每个词犹如木乃伊，而译者遇到的每一个词都是活生生的，有血有肉的。如果能够认识到这两者之间的区别的话，那么，就能够使辞典为翻译所用，否则，就一定会为辞典所困。所以编纂过英汉或西汉辞典的作者，都会有一个共同的体验，辞典不是用来帮助译者的，是用来帮助初学外语的人理解并掌握一个新词的发音、含义、用法和书写的。所以，辞典的作者只对一个词本身的含义及其语法用法感兴趣，至于这个词可能出现在什么样的文化背景、社会背景、知识背景以及文章的上下文等，并不能一一解释，因为受到辞典的篇幅及编纂辞典目的的限制。而译者遇到的一个新词，却是出现在一定的文化和知识背景之下的，另外，还受到上下文和社会背景的制约。请看下面的短文：

Barcelona, la mayor capital del Mediterráneo, ha entrado en el tercer milenio de su historia con el aspecto y la energía de una joven debutante.

"debutante" 是一个不常用的书面词。查一查任何一本辞典，可以得到如下注释：

初次登台的，首次演出的，初次露面的。[①]

西班牙马德里皇家语言学院出版的《西班牙语大辞典》，第 22 版本是这样注释的：

1. Dicho de una compañía teatral o de un artista: Presentarse por primera vez ante el público.
2. intr. Dicho de una persona en cualquier otra actividad: Presentarse por primera vez ante el público.

如果用这些注释词来做译文，那么，肯定是不及格的译文：

巴塞罗那，地中海沿岸的大都市，以初次登台的少女面貌与精力进入了第三个千禧年。

如果运用文章转换能力以及补救策略，我们可以如下译文：

① 张广森. 新西汉词典. 北京：商务印书馆，1999：328.

巴塞罗那，地中海沿岸的大都市，已经进入了第三个千禧年，可是她依然生机盎然，充满青春活力。

从上述两篇译文中我们看到，辞典的注释告诉了译者"debutante"一词的词义，但是，不可能告诉译者该词在上下文中应该如何恰如其分地用中文来表达。在这种情况下，需要运用翻译手段来表达这个词的中文意思。由此可见，辞典在翻译中具有很大的局限性，高级职业翻译绝对不会依赖辞典来做翻译。

鉴于翻译有很多种，辞典也有很多种，普通翻译运用普通辞典，专业翻译应该使用专业辞典。如果是普通翻译，辞典只能用来解决词汇问题。如果是专业题材的翻译，那么，一定要使用专业辞典，比如，法律文章、公司章程、保险公司条款等。

另外，所有译者都知道，查阅辞典非常费时费力。而时间对高级翻译来讲十分重要，因为在大部分情况之下，客户都会限定译者交翻译稿的时间。因此，必须根据译者所支配的时间，对已经翻译好的文章进行审核或修饰。如果翻译一篇文章，百分之五十以上都需要查阅辞典才能够理解原文，同时还需要借助辞典才能将原文意思表达出来，那么，这样的译文，肯定不会是一篇合格的译文，更谈不上是为客户所接受的、高质量的译文。我们可以肯定地说，所有依赖辞典来进行翻译的译者，都还没能理解文章的内涵。而高级翻译所追求的是文章的知识和文化的对等，不是词汇之间的对等，而辞典正好是词汇和词义的对等。

对原文的理解，越是专业的文章，越需要专业的辞典，当辞典不能解决问题时，怎么办？两种办法：请教相关的专家，帮助理解原文；阅读与原文知识领域相关的中文文章。如果这两种办法都做不到，最好请教曾经教过你翻译的大学老师或者本书的作者。最重要的是不要轻易放弃。

关于翻译与辞典的关系，作者在此做以下几个提示。

辞典既是帮助之物，也是妨碍之物，完全看译者如何把握辞典的作用和用途。辞典能够帮助译者理解词汇，但是不能帮助译者理解句子，表达意思。因此，依赖辞典不可能译出高质量的文章。辞典不能给译者很多知识，不能给译者专业表达方法。但是拥有高质量的专业辞典，可以事半功倍。遗憾的是，在西中翻译领域，这样优秀的专业辞典寥寥无几，而英汉译者就拥有很多非常优秀的专业辞典。一本专业辞典就是一个行业。比如：《英汉—汉英双向法律词典》是一部中型的法律专业工具书，主要供从事法律、经贸、外事、翻译的人员及高校法律专业师生参考使用，其内容涉及法理、法史、宪法、民法、刑法、诉讼法、行政法、劳动法、合同法、商业法、国际公法、国际私法、国际经济法、国际贸易法等各个法律学科。

一名刚出来做翻译的年轻译者，由于经济能力的原因，不可能先花很多钱购买这些昂贵的专业辞典再来做翻译。年轻译者不一定需要拥有这些专业辞典，但是需要知道有哪些专业辞典可以用来参考、查阅。也就是说，收集并掌握辞典信息，尤其是专业辞典的信息比拥有辞典更加重要。即使日后成为著名的高级翻译，经济能力也允许拥有众多的专业辞典，也还是需要继续保持那种对辞典信息情有独钟的热情。同时，善于运用网络辞典，是最经济且实用的方法。著名出版社或学术机构发布的网络辞典最可靠、最实用。比如，查阅西班牙语的网络辞典，最权威的莫过于西班牙皇家学院推出的西班牙语网络辞典。

第八节　翻译的职业道德

作为一名高级职业翻译，必须了解、掌握并遵守职业道德规范，只有这样做，才能成为一名真正成功的译者，并且能够长期赢得客户的信赖。任何一名翻译，如果没有基本的职业道德、情操和素养，即使翻译水平再好，也经不起时间和客户的考验，成为不了优秀的高级翻译。那么，什么是翻译的职业道德呢？

一、译者的权利

作为一名高级翻译，首先要知道自己的权利。

1. 有权与原文作者联系（如果还健在的话），咨询任何有关原文的信息。这种联系，可以是直接的，即直接同原文作者联系（比如文学作品，科技文章等），也可以通过客户（即委托译者进行翻译的翻译代理公司）同原文作者联系。客户要求译者通过他同作者联系，是出于经济目的，因为客户会担心译者直接同原文作者联系之后，该作者会跳过翻译公司，直接付款给译者。这是客户竭力想避免的。当然，也是译者应该遵守的一个行业规则。译者不能绕过那些提供翻译工作的客户（翻译代理公司）直接收取原文作者的翻译费。如果发生这种事情的话，那么，翻译公司今后就不会再给这名译者新的翻译工作。

2. 有权请教与原文信息有关的行业专家。译者在遇到翻译知识方面的困扰时，应该也必须咨询相关的专家。只有请教行业专家，才能保证译文的质量，保证译文的专业性、知识性和易懂性。

3. 有权把定稿的译文留在自己手上作为今后翻译的参考。译者应该将完成定稿的译文留一份在自己的档案中，因为同样的题材，也许在今后若干年之中都具有一定的参考价值，同时，也是自己个人专用的知识信息库。同时，译者必须知道，已经交出去的译文不能用作其他商业用途，除非事先得到客户的同意。

4. 有权拒绝翻译委托，但是拒绝的方法要有策略。译者不是全能的，所以对有些题材，可能不甚了解，比如专业从事旅游行业翻译的译者，对医学专业的翻译肯定是非常吃力的，甚至是超出其能力范围的。另外可能译者实在太忙了，接的翻译工作太多，无法在客户要求的时间内交稿，或者客户出的翻译费太低，无法接受。在这三种情况下，译者可以拒绝翻译委托。但是，为了让客户今后继续给译者翻译工作，译者应婉言相拒。以最近身体欠佳作为理由是最明智的策略。

5. 有权对译文提出署名和版权的要求。企事业单位委托的翻译只涉及商业用途，所以，译者基本上不会提出署名和版权要求。但是，如果译文发表在公开出版的书刊上，译者应该提出署名和版权的要求。署名的目的，一方面是为译者自己做宣传和广告；另一方面也是为译文的质量提供保障，提出版权所有，是为了与出版社共享出版与销售的成果。如果出版社提出一次性将翻译版权买断，那么，应该是由译者来决定是卖掉版权还是保留版权。在尊重知识产权的国家，译者提出的版权要求基本上都能够得到满足，出版社与译者之间都会达成译文版权协议。

6.有权寻找合作伙伴一起翻译。译者无须事先征求客户的意见，可以自由寻找翻译合作伙伴一起完成翻译工作。寻找合作伙伴的原因有两个：一是翻译的工作量实在太大，时间紧迫，不得不寻找其他伙伴一起，在规定的时间内来完成翻译工作；二是原文所涉及的行业知识可以由合作伙伴来完成，译者自己可以完成译文的撰写与修饰。如果翻译的工作涉及署名和版权问题，那么，最好事前告知客户，以免日后的纠纷。这种纠纷有两种可能性：一种是译者与合作伙伴之间的纠纷，合作伙伴可能会在署名问题上与译者争执不下；另一种可能性是译者与客户之间的纠纷，客户可能只同意一个而不是两个人署名。

7.有权对译文进行修改。当译者发现译文有错误时，可以在译文尚未正式公开或内部使用之前，提出修改意见。比如，尚处在排版过程中的译文，译者在进行排版校对时发现译文错误，那么，可以及时提出修改意见，重新排版。如果已经公开出版或使用该译文的话，那么，可以跟客户提出，在下一次再版时，采用修改后的译文。

8.有权对译文的酬劳提出自己的建议。译者可以根据当地翻译市场的竞争情况以及自己的实力，提出酬劳标准。这个酬劳标准必须是具有竞争性的，体现译者水平的合理酬劳标准。

二、译者的义务

译者具有上述阐明的八大权利的同时，也必须履行一定的义务，这样，才能在翻译市场上树立起自己的良好的翻译形象。

1.译者不可以允许其他人借用你的名字进行翻译。当一名译者在翻译行业做久了，享有一定的名望的时候，就会发生如下情况：翻译工作量太大了，自己做不完，但是为了继续挣钱，就请别的翻译新手，署上自己的大名；有些官方翻译文件，需要被政府认可的译者署名，这时候，译者为了挣钱，自己不翻译，只是签一个名，译文是别人做的。这两种做法都是翻译行业的大忌。

2. 译者对翻译所涉及的任何信息和数据都必须视为绝对机密。译者是可信赖之人，将原文的内容告知外人是亵渎该职业的不良行为。因此，无论原文内容重要与否，译者都必须视为机密，未经客户同意，不向任何人或媒体泄露译文的内容。只有这样，才能真正赢得客户的信赖，长期维持良好的商业服务关系。

3. 绝对不能与译文涉及的当事人取得联系。有些文件如法院的传票、警察局的审讯记录、医院的医疗报告等，译者绝对不能与译文所涉及的当事人取得联系，告诉其译文信息和内容。尤其是译文所涉及的人是自己的亲朋好友的时候。如果发生这种情况，就是考验译者职业道德底线的时候：是职业道德在上还是亲情或友情在上。相信每位译者会做出自己的判断与抉择。

4. 绝对不能介入原文所涉及的事件。译者只限于翻译原文，绝对不能介入原文所涉及的事件之中，否则，将是引火上身，自找麻烦。译者有可能介入原文的事件中去，是因为该事件可能涉及自己的亲朋好友或者同事。当客户得知译者同事件所涉及的人有关联时，会提出终止其翻译服务。但是，如果译者表现出一种超然的态度，高尚的职业道德，一定会更加赢得客户的信赖。

三、译者的立场

译者在整个翻译过程中，应该持什么样的态度和立场呢？

1.译者在翻译过程中，面对原文提出的观点和评论，无论是正确的还是错误的，是片面的还是全面的，是谬论还是高见，译者都必须绝对保持客观与中立的态度和立场，不能在译文中妄自添加自己的观点、阐述或评论，也不能随意删改、增添或抹掉原文的观点。

2.译者心理状态必须是平衡、稳定的。译者不能带着情绪做翻译工作。如果今天情绪不好，最好是休息或做其他事情，而不是做翻译。因为面对原文，译者的情感必须保持冷静；必须以理智的态度理解原文，处理译文。比如，将一篇严厉抨击译者母校教育状况的西文原文翻译成中文，是需要控制译者自己的情感、情绪和观点的。也许原文作者对译者母校的了解还不如译者，但是译者必须将其片面的、错误的观点翻译成中文。这时候的翻译，是一种痛苦的翻译，一种真正的职业痛苦。希望成为高级职业翻译的年轻人，知道这种痛苦的存在，并且做好心理和思想准备。

综合上述，我们可以将译者的义务归纳为如下几项大忌。

1.不能伪造译文之内容。如原文没说当事人的年龄，译者自己却写上16岁，未成年，这样就可以申请西班牙的家庭团聚签证。这是利用翻译之便伪造文件。

2.不能修改译文之内容。译者绝对不能为了金钱将"分居"译成"离婚"，修改婚姻状况文件。因为"分居"不能再婚，而"离婚"则可以再婚。

3.不能违背原文的意思。原文是在严厉抨击和批评某人的观点，译者不同意原文作者的观点，将批评的意思译成商榷的意思，大相径庭，有悖原文的意思。

4. 不能随意在译文中增添内容或自己的观点。当译者对各项事务已经具有自己独到的见解时，再翻译别人的文章，会在不知不觉中掺入自己的观点，添油加醋地增添或扩展原文的内容。所以，对国际事务、各行各业有自己独到观点的高级翻译，是不适合再做翻译的。如果译者坚持一定要继续做，那么，翻译的过程将是一个漫长的痛苦过程，而不再是快乐、享受的过程。

5. 不能随意删除原文之内容。译者删除原文的目的有两个：一是没法理解原文的意思，索性删除了；二是不喜欢原文的观点或阐述，觉得有悖自己的观点或想法，删除了也不影响译文的质量或上下文的连贯性。如果不看原文的话，也不会在译文中发现有删除的痕迹。为了忠实履行上述阐明的译者义务，译者必须：忠实于原文，完全理解原文，绝对不能一知半解，或者随意略过不懂的地方，必须完全明白翻译委托人的意图（客户的意图）；译者采用直译或意译方法，则根据文章的特点来决定。如果是公司合同、章程、法院和法律文件、行政管理文件以及科技文章等，最好采用直译法；如果是文学作品、电影剧本、产品介绍等，则多采用意译。查阅专业辞典，请教行业专家是必要的。译者履行这些权利和义务是为了在翻译市场上永远站在具有绝对竞争力的位置上，创造并保持译者的良好形象，也是为翻译行业的同行树立良好的形象。以智慧的头脑和诚实的态度来做翻译，是译者的骄傲；履行翻译的义务，是译者成功的秘诀。所以，遵守翻译的职业道德，是成为高级翻译的基本条件。翻译职场上的竞争，与其说是翻译水平和知识的竞争，倒不如说是译者人品的竞争，也就是说，翻译职业道德水平的高低是译者成功与失败的决定因素。专业水平再高，如果没有高尚的翻译职业操守做保证，译者是不可能成功的。

第九节　高级职业翻译市场的运作

了解翻译市场的运作并掌握翻译市场的动态与发展趋势，是每位高级职业翻译必须具备的能力，尤其是在当今时代，科技发展已经深入各个行业，翻译行业也不例外。时刻关注机器翻译、自动翻译、口笔译自动化和科技化的动态对高级翻译工作者以及翻译研究人员至关重要。因此，我们先从翻译市场的源头谈起。

一、高级职业翻译市场的诞生

作为一名高级翻译，如果仅仅会翻译的话是不够的，因为他不知道应该到哪儿去找翻译工作，即使做了一份别人委托的翻译工作之后，也不知道需要收取多少翻译报酬。所以，不了解当地翻译市场的动态和价格行情是不可能成为一名职业高级翻译的，更不可能靠翻译这项工作来谋生。

虽然翻译市场在各个国家都不尽相同，但是，每个翻译市场都有一些基本的规律、标准与做法可以参考。比如，翻译的价格分类、翻译发票的格式等。作者在这里以西班牙翻译市场的情况作为依据，详细阐述翻译市场的运作方式，供读者对照中国翻译市场的运作特征，学会掌握本地的翻译市场实际情况与运作方式。

首先，我们需要了解，欧盟是世界上翻译市场最成熟的地区，因为各国语言没有大小之分都需要平等对待。所以英语不是大语种，西班牙语、意大利语也不是小语种。每个公民都可以使用自己的母语。这种语言平等的理念催生了一个庞大的翻译工作人员队伍和翻译市场。不仅欧盟委员会设有翻译总署（Directorate-General for Translation, European Commision），而且，所使用的语言包括了欧盟 28 个会员国的所有官方语言（共 24 门语言），远胜于联合国的 6 门工作语言。

欧盟翻译职业主要分两大类：一类是欧盟政府各个机构的翻译，都集中在欧委会的翻译总署，分口译和笔译两大部门。各国政府机构的翻译主要集中在外交部。其他任何各级地方政府机构（州或市）都是临时聘用高级职业翻译担任翻译。高级翻译进入政府机构，就成为雇佣翻译，领取薪资，无须了解并掌握翻译市场。

另一类是自由职业翻译。在欧盟各国的任何一家跨国公司及大中型公司都不会长期雇用职业翻译，都是临时聘用职业翻译完成翻译工作，因此形成一个庞大而成熟的翻译市场。在这个市场上寻找翻译工作的译者就是自由职业翻译，即高级翻译。他们需要了解并掌握翻译市场的动态，知道去哪里能够找到翻译工作。这是本书要探讨的翻译市场。

二、高级职业翻译市场的运作

了解并掌握翻译市场的运作，有助于译者找到翻译工作。翻译市场的运作可以从两个方面来阐述。

第一，从雇主角度讲，当一家大型的跨国公司需要聘用翻译时，首先想到的是在翻译市场上寻找翻译。而寻找翻译有两种途径：通过翻译代理公司寻找或直接找到翻译。因此，翻译代理公司是给译者带来翻译工作的第一途径，尤其是初入翻译职业市场的译者，由于缺乏人脉和信息，通过翻译代理公司是一条主要的、可选的途径。因为许多大型的跨国公司和大公司，由于业务需要，同翻译代理公司都有着长期合作的业务关系。也许过去这种业务关系只停留在英文、法文和德文三种语言上，但是，随着跨国公司业务的拓展，同中国建立了经贸业务往来，就会委托这家长期合作的翻译代理公司寻找中文翻译。其次，跨国公司也可以通过自己的资源找到合适的翻译，无须通过翻译代理公司来聘用翻译，尤其是今天，网络资讯非常发达，高级翻译的专业网站也非常多。所以，许多企业的人事部门都会在这些高级翻译网站上寻找合适的翻译。因此，译者在网站上发布自己的翻译专长信息是获得直接客户的途径之一。

第二，从译者的角度讲，想要进入职业翻译市场，首先需要同翻译代理公司联系。翻译代理公司可以帮助初出茅庐的译者进入职业翻译市场。经过一段时间的磨炼，在本地职业翻译市场做出名气，同时拥有一定的人脉资源之后，可以自己直接接洽大型跨国公司和政府机构的翻译工作。进入翻译市场的步骤是：准备一份详细的个人简历，需要突出自己的翻译专长；寄简历给翻译代理公司；参加各类大型商业展览，分发自己的简历，认识参展公司的经理；参加当地举办的各类商业、文化、学术等介绍会或演讲活动，目的是为了结识各个行业的人士，拓展自己的信息渠道。总之，需要自己出去为自己做广告。

三、翻译市场的价格运作

从事职业翻译是为了生存与个人职业发展所需，因此，了解并掌握翻译市场上的翻译报酬及其动态至关重要。首先，我们需要了解当地翻译市场是由谁在左右的。一般来讲，翻译公司以及翻译代理公司左右着本地翻译市场的价格，也就是说，当地翻译市场的各大翻译公司或翻译代理公司每年都会根据上一年的物价指数更新翻译价格。掌握翻译价格是高级翻译最重要的工作之一。其次，翻译语种可以决定该语种在当地翻译市场的价格，因为，从事小语种翻译的高级翻译极少，雇主可以参考的翻译价格比较少，因此，竞争性也相对比较小。比如，在西班牙以及中国翻译市场上的中西文翻译属于稀少语种，高级翻译更是少之又少。雇主能够找到这样的中西高级翻译已经算是幸运，所以翻译价格属于次要问题。但是，像英文翻译就不同了，无论是英西高级职业翻译还是中英高级职业翻译都是人才济济，竞争非常激烈，价格就成为译者争取客户的一个至关重要的因素，译者必须熟悉并掌握本地翻译市场价格，才能争取到客户。

四、翻译价格的计算方式

欧盟各国书面翻译市场上，对价格的计算有一个演变和发展的过程。在没有电脑的时代，习惯按照页数来计算价格，后来有了电脑，习惯按照行数来计算价格。但是今天，由于电脑软件的功能越来越完善，大家都习惯按照字数来计算，也就是说，在 word 软件上有一个功能是计算词数和字数。运用这个功能，既可以计算原文词数或字数也可以计算译文词数和字数，对客户、对译者都比较公平。翻译的最低价格是以一页的词数来计算，不到一页按一页计算。由于中西文字不同，如果是西文翻译到中文，最好按照词数计算价格；如果是中文翻译到西文，最好按中文字数计算价格，因此，译者要准备好两个价格：西—中翻译价格和中—西翻译价格。

参照 2018 年西班牙翻译市场的价格动态，我们具体介绍一下翻译价格的计算方式。目前，英文、西文、法文、德文、意大利文的基本价格是：

一页 30 行，一行 10 个词，共 300 词，0.2 欧元 × 300＝60 欧元。

因为中文相对欧洲语言要难度大一些，因此，在参照欧洲语言翻译价格的基础上，从西班牙文翻译到中文的价格可以是：0.2 欧元 × 300＝60 欧元。中国的中西翻译市场价格要远低于西班牙翻译市场的这个价位，所以，目前有一些西班牙翻译代理公司通过网络雇佣中国的译者。处在西班牙翻译市场的中西高级翻译必须认识到这个竞争性，采用时效、质量和个人品牌来竞争，而不是一味地运用低价来竞争，毕竟两地的生活成本不一样。

五、翻译基本价格的浮动

有了基本价格之后，译者就可以根据如下几个因素进行价格浮动。

1. 根据原文的难易程度。

专业性文章比普通文章价格上浮 15%；科技类文章比普通文章价格上浮 25%。

2. 根据客户所提出的交件时间。

任何要在 24 小时之内交件的翻译工作，都视为急件。或者在一天之内要完成 2500 单词的翻译件。普通交件时间要视国别而定。以 3000 词或 3000 词的原文为基本数据，在西班牙三天交件为普通交件时间，两天或一天交件就可以视为急件。但是在国内，一天或两天为普通交件时间，而当天交件为急件。急件比普通件价格上浮 40%。

3. 根据原文的形式。

客户提出的原文是一种形式或格式，如果译者不熟练掌握原文的形式或格式，那么就需要花费很多时间来摆弄格式，因此，需要在翻译基价上上浮。带图案、表格等文章比普通文章上浮 10%；HTML、PDF、PowerPoint、Excel 等格式的文章比普通文章上浮 25%。

六、开具发票与所得税

上述的翻译价格均为翻译净价。欧盟的增值税和个人预扣所得税的百分比率，各国不同。但是，在译者的发票上包括增值税和个人所得税。如果想在欧盟从事高级职业翻译的工作，所有译者都必须具备开发票的法律资格。如果译者是以公司名义开具发票，那么，不需要预扣所得税。

以西班牙翻译市场为例，一份合格与合法的翻译发票必须包括以下几项内容。

译者资料：姓名或公司名称、地址、电话、公司或个人税号、发票号码及日期；

客户资料：姓名或公司名称、地址、电话、公司或个人税号、发票号码及日期；

翻译单价：字数或词数、总价、18% 增值税（IVA）、预扣15% 个人所得税（IRPF）；

金额总数：付款条件及付款方式、译者的银行资料。

根据上述内容，我们可以设定如下正式的合法发票样本，这个发票样本可以在西班牙现行税务制度下通行，当然，必须是西班牙文的。所以，在这里用中西两种语言列出，供读者参考使用：

唐明翰	电话：933647588
中西高级翻译	传真：933647589
巴塞罗那街 5 号，3 楼 1 门	电子邮件：tmh@gmail.com
08080 巴塞罗那	网址：www.miguelgonzalez.com
税号：4837658-Z	发票号 190311

特朗格勒葡萄酒有限股份公司	电话：917816783
喀什提亚斯街 48 号	传真：917816784
28093 马德里	税号：27856741-A
电子邮件：telangre@telangre.com	订单号：10402
	发票日期 2018 年 9 月 19 日

事项	单价	金额
西中笔译 7250 单词	0.2 欧元 / 词	1450 欧元
18% 增值税		+261 欧元
小计		------------------
		1711 欧元
预扣 15% 个人所得税（基价 1450 欧元）		–217.5 欧元
需要支付的总价		------------------
		1493.5 欧元

付款日期与方式：自本发票之日期起，务请在十五天内以银行转账或支票方式付款。

银行账号：第一国际商业银行

伦敦街 18 号，08020 巴塞罗那

账号：IBAN ES46-2168-0434-5402-0047-8474

注：

• 如果有自己的网页，那么发票是一个宣传自己的极好机会。

• 如果是公司发票，不需要预扣所得税这一项。

西班牙文版发票样本：

Tang Minghan   Tel: 933647588
Traductor profesional español-chino   Fax: 933647589
C/ Barcelona 5, 3-1   Email: tmh@gmail.com
08080 Barcelona   www.miguelgonzalez.com
NIF: 4837658-Z   Núm. de factura: 190311

Telangle Bodega S.A.   Tel: 917816783
Avda. Castellas, 48,   Fax: 917816784
28093 Madrid   CIF: 27856741-A
Email: telangre@telangre.com   Núm. de pedido: 10402
                                      19 de septiembre de 2018

CONCEPTO	PRECIO	IMPORTE
una traducción del español		
al chino de 7.250 palabras	0, 2 euro/palabra	1,450,-euros
	18% IVA	+261,-euros
Subtotal		---------------
		1.711,-euros
Retención del IRPF 15% (Base imponible 1,450.-euros)		−217,5 euros
Total a liquidar		---------------
		1.493,5 euros

Fecha y forma de pago: Hay que efectuar el pago a los quince días a partir de la fecha de la presente mediante transferencia bancaria o cheque.

Datos bancarios: Banco Comercial Internacional

C/ Londres 18

08020 Barcelona

C/c: IBAN ES46-2168-0434-5402-0047-8474

第三章

合格的翻译文章是怎么做出来的

本章我们将针对不同题材的翻译案例进行描述、分析和讲解。

第一节　经贸翻译案例分析

经贸翻译在翻译行业占据着重要的份额，也是各大跨国公司最需要的服务。掌握经贸翻译是获得稳定客户的主要途径之一。

一、经贸翻译的特点

经贸翻译的原文内容、知识与文章风格同经济、商业、贸易和旅游行业有关。因此，熟悉并掌握西班牙文的经贸文章风格是翻译该类文章的必要前提。同时，译者必须在翻译之前向客户了解清楚，中译文是供书面阅读使用，还是供口头朗读使用。尽管白话文力求做到口头语言与书面语言一致，但是中文的书面语言与口头语言还是有一定的差别。作者在这方面有过许多经验和教训。一篇供朗读（为画面配音）的译文是不能太书面化的，否则，朗读者会擅自修改译文，如果不修改，则听众听起来会非常别扭。这些都是译者的问题。

西班牙文的经贸文章难易程度是根据译者的知识结构和知识面来决定的。因此，翻译价格也是根据翻译市场总体价格水平，以及译者的知识和翻译水平高低而有所不同。

另外，我们在这里所做的翻译文章分析，都是按照翻译市场上实际运作模式进行，即模拟真实翻译的全过程。而且，所有选择的案例都是在西班牙翻译市场上实际使用过的原文和译文。因为一篇完整的、在翻译市场上实际运用过的原文和译文，可以帮助我们理解翻译，进行翻译，并且掌握翻译过程的所有细节。

二、经贸翻译案例分析

当译者拿到下面这篇政府高级经贸官员的演讲稿时，不是急着马上着手进行翻译，而是先要做好以下的事情。

译者如果有时间，可以先通篇阅读全文。如果没有时间，只需要看一眼，就会知道是否属于自己知识与能力范围内的题材。

向客户报价并告知交稿时间。为此，译者需要运用 word 软件工具栏中的"字数计算"功能确定原文的词数。然后译者根据自己的价格和翻译经验，告诉客户翻译价格和交稿时间，而不是按照客户提出的交稿时间，因为客户总是希望越快越好，可是又不愿意付加急费。

在得到客户的书面确认之后（通常是电子邮件），译者可以向客户问清楚译文的用途，是用作网页的、出版物的，还是演讲的。译文用途不同，译文的风格以及遣词造句也有所不同。

在弄清楚这个问题之后，可以开始着手进行下面文章的翻译工作。

译者首先要认真仔细地阅读下面这篇原文。下面举例说明。

El papel de las pequeñas y medianas empresas en el desarrollo económico

1. Los "cuatro motores" dentro de sus Estados

Las regiones que constituyen los Cuatro Motores de Europa tienen un papel importante en la economía europea y en la economía de sus Estados. Dentro de sus Estados, las cuatro regiones contribuyen más en términos económicos que en términos de área o de población.

Así, con una población que representa entre el 10% y el 15%,

- producen hasta un 20% de su PIB (en el caso de Cataluña y Lombardía),

- concentran entre el 15% y el 27% de la industria,

- la población trabajadora representa un 15% del total del respectivo estado,

- representan una parte muy significativa de las exportaciones totales (hasta el 30% en algún caso).

Y por esta razón las llamamos los Cuatro Motores para Europa.

2. Algunas características comunes

Las economías de las cuatro regiones tienen algunas características comunes.

- Son muy industriales y cuentan con un sector productivo

potente y diversificado.

- Son dinámicas en términos de empleo y creación de empresas, educación e innovación.

- Además, las cuatro economías son abiertas y competitivas por lo que a comercio e inversiones extranjeras se refiere.

Según los datos de Eurostat, en las cuatro regiones el PIB (Producto Interior Bruto) industrial (junto con la construcción) aporta entre el 28% y el 32% del PIB total.

- En Baden-Württemberg, la maquinaria, los vehículos y los equipamientos mecánicos y electrónicos representan más de las dos terceras partes de los puestos de trabajo.

- Algunos de los segmentos en los que Rhône-Alpes es líder son las industrias del metal, la ingeniería mecánica, la transformación de plásticos, y las industrias químicas y farmacéuticas, del textil y la confección, y eléctrica y electrónica.

- En Lombardía, la maquinaria, los equipamientos mecánicos, la metalurgia, los productos químicos y los textiles concentran la mayoría de la fuerza de trabajo industrial (67,8%) y la mayoría de empresas (59,5%).

- Finalmente, el 64% del valor añadido de la industria de Cataluña se concentra en los productos químicos, la metalurgia, la alimentación y las bebidas, el papel, los transportes y la producción textil.

Aparte de la industria, cabe destacar otros sectores y actividades económicos. Por ejemplo, vale la pena mencionar las actividades turísticas, el comercio, los servicios, la investigación, la formación y la red de comunicaciones.

- En Lombardía, el crecimiento de las empresas de servicios se debe a los servicios más innovadores y orientados a la industria, tales como los servicios en línea, las comunicaciones, y los créditos y seguros, mientras que los servicios más tradicionales se han desarrollado menos.

- En Cataluña, el comercio constituye un sector muy importante. Se calcula que representa entre el 10% y el 12% del PIB catalán. También es importante el turismo: Cataluña es el principal destino turístico de España, con más de 20 millones de visitantes extranjeros al año, es decir, el 27% del total español.

- Asimismo, Rhône-Alpes recibe más de 28 millones de turistas al año. Y combina su dinámica actividad turística con algunos de los principales laboratorios internacionales: el Centro Europeo para la Investigación Nuclear (CERN), los laboratorios europeos de sincrotrón (ESRF), el Centro Internacional de Investigación sobre el Cáncer (CIRC), etc.

- En Baden-Württemberg, los centros de investigación y toda una multitud de renombradas universidades, escuelas técnicas y universidades en convenio con empresas para la acción conjunta en enseñanza y formación, hablan por sí mismos. Y toda una extensa red de infraestructuras de la comunicación permite el acceso a los mercados globales.

De hecho, desde que unas buenas redes de transporte son vitales para asegurar el éxito económico, los sistemas de transporte rápidos y eficientes, tanto para pasajeros como para mercancías, son una de las características comunes a todas estas regiones.

3. Las pequeñas y medianas empresas

Históricamente Baden-Württemberg, Cataluña, Lombardía y Ródano-Alpes han sido pioneras en términos de desarrollo económico e industrialización. Tomemos a Cataluña como ejemplo paradigmático en el contexto de España. A lo largo de estos años el espíritu innovador y la capacidad de avanzar superando las dificultades que representan tener territorios con pocos recursos naturales, y los problemas que han presentado los acontecimientos históricos a lo largo de los siglos, han alentado a hacer de estas regiones polos de atracción de las actividades económicas. Déjenme destacar que estas cuatro regiones cuentan con un territorio relativamente pequeño y también con una población limitada. No son regiones particularmente ricas: no tienen muchos recursos naturales a explotar. No hay oro, plata o diamantes; ni petróleo, carbón, uranio u otras fuentes de energía. Siendo montañosas en gran parte, tampoco son particularmente buenas para fines agrícolas. Si tuviéramos que expresarlo en una sola frase, diríamos que la riqueza más valiosa de todas estas regiones está en su gente. La gente y su capacidad de organizarse y trabajar duramente, y de inventar e innovar.

Actualmente, junto con las buenas infraestructuras existentes, una de las razones por las que estas regiones sean dinámicas y estén calificadas como "motores" económicos es su tejido económico. Lejos de sostenerse sobre unas cuantas grandes compañías, en él coexisten las grandes y las pequeñas empresas.

Básicamente, el tejido económico está hecho de una gran cantidad de pequeñas y medianas empresas de carácter emprendedor. Esto da fuerza a la economía y actúa como factor de cohesión territorial. Las pequeñas y medianas empresas difunden el desarrollo territorial y crean sinergias que impulsan a las economías a evolucionar, desarrollarse y ser dinámicas. Esto se debe a que las pequeñas y medianas empresas tienen una gran capacidad de adaptación, innovación, flexibilidad y creación de empleo.

Algunos datos:

- Baden-Württemberg no sólo es la residencia de compañías mundialmente famosas, sino también de muchas pequeñas y medianas empresas. Alrededor de 480.000 PYME y trabajadores autónomos generan aproximadamente dos de cada tres trabajos y forman a cuatro o incluso a cinco aprendices o trabajadores en prácticas. Generan más del 50% del producto interior bruto y pagan alrededor del 80% de los impuestos sobre el comercio. Nueve de cada diez medianas empresas son negocios familiares.

- En Rhône-Alpes, con un 10,2% de todas las empresas francesas (casi 425.000 empresas), solamente el 0,05% tiene más de 500 empleados y casi el 92% emplea a menos de 10 personas.

- Una situación parecida la tenemos en Cataluña, donde hay casi 495.000 empresas, 54.000 de ellas en el sector industrial. En Cataluña, el 93,7% de empresas tiene menos de 10 empleados, y las que cuentan con más de 250 empleados representan solamente el 0,1%. Casi la mitad de los puestos de trabajo se concentran en empresas de menos de 50 trabajadores.

• En Lombardía, el tamaño medio de las empresas implicadas en actividades de fabricación es de 8,5 trabajadores. De hecho, la mayor parte de la estructura productiva de Lombardía está constituida por unidades de trabajo locales de menos de 10 empleados (más del 93% del total). Este 93% de empresas emplea al 43% de la población laboral total. Las empresas de más de 250 trabajadores solamente representan el 0,1% del total y emplean al 13% de todos los trabajadores.

4. Innovación e internacionalización

Finalmente, vale la pena echar una mirada a la innovación y la internacionalización, dos áreas clave para que las empresas y las regiones sean competitivas actualmente. Tradicionalmente, estas dos áreas han estado asociadas únicamente a la existencia de grandes compañías multinacionales. Sin embargo, las actuaciones de los cuatro motores en ambos campos son ejemplo de cómo este tipo de tejido económico también puede ser competitivo.

Innovación

• Las inversiones en I+D en Cataluña representan más del 22% del total español. Las inversiones de las empresas catalanas en innovación suponen el 27% del total español. Además, Cataluña es la primera región española en número de patentes españolas (661 de 2.904) y de patentes europeas (96 de 299).

• La proporción entre patentes y millones de habitantes es de 104, mientras que la media española es de 61.

- Rhône-Alpes tiene casi el 12% de todas las patentes de Francia y también el 12% de los investigadores franceses. Y hay 20.000 puestos de trabajo en el ámbito científico. La investigación y el desarrollo privados son un punto clave de la región, que es la segunda región económica francesa para la investigación en términos de inversiones y empresas.

- Finalmente, de acuerdo con los datos de Eurostat, Baden-Württemberg representa el 26% del total de las inversiones alemanas en investigación y desarrollo efectuadas por las empresas, y Lombardía representa más del 34% del total para Italia.

Internacionalización

- Las exportaciones de Baden-Württemberg (101 billones de euros) son casi el doble de las de Lombardía (59 billones de euros) y el triple de las de Rhône-Alpes y Cataluña (37 y 36 billones de euros respectivamente). Pero en todos los casos la contribución de las regiones al comercio internacional de los Estados es relevante. El índice de apertura (media de importaciones y exportaciones sobre el PIB) es del 30% aproximadamente en Baden-Württemberg, algo superior en Cataluña (34,4%) y Lombardía (32%), y algo menor en Rhône-Alpes (25%). Algunos datos más: más del 40% de la producción interior de Baden-Württemberg (83 billones de euros) se exporta a todo el mundo y, en Cataluña, unas 18.000 empresas exportan, la mitad de ellas regularmente, y 3.000 venden más del 25% de su producción al exterior.

- Atraídas en parte por su tejido económico, las inversiones internacionales también son importantes en estas economías. Rhône-Alpes posee 821 empresas de más de 50 empleados basadas en el capital extranjero. Y Cataluña alberga al 53% de las empresas alemanas que operan en España, el 61% de las francesas, el 65% de las japonesas, el 77% de las americanas, etc.

- La inversión extranjera influye positivamente en los proveedores internos en cuanto a producción, calidad e innovación y, entre otras cosas, les impulsa a invertir en el extranjero. Cataluña es un buen ejemplo de este dinamismo. Representa el 27% de las inversiones industriales extranjeras en España y el 37% de las inversiones industriales españolas en el extranjero (media 2003-2008). La evolución de los tres últimos años es extremadamente positiva. En 2005, las empresas industriales catalanas invirtieron en el extranjero más del doble de lo que lo hicieron en 2001 y, además, estas salidas de capital industrial superaron las entradas de capital industrial extranjeras, que tradicionalmente habían sido siempre más elevadas.

5. Conclusión

Ahora nos estamos presentando juntas por primera vez fuera de Europa. Todos ustedes conocen Europa, con nuestros cuatro Estados, Alemania, España, Italia y Francia, y su capacidad industrial y comercial.

Sin embargo, queremos señalar que al mismo tiempo que

hay importantes diferencias en términos de cultura, costumbres, tradiciones, e incluso la lengua, como en el caso de Cataluña, en estos estados entre las propias regiones que los conforman, hay regiones de diferentes Estados que son similares en términos de economía, gracias al hecho de que tienen una red equivalente de pequeñas y medianas empresas, un espíritu innovador y una voluntad de internacionalización.

Estos Cuatro Motores lo son para el desarrollo de sus respectivos Estados.

Además, hay que notar que, a pesar de no tener fronteras comunes entre sí, han sido capaces de colaborar en áreas de interés común y desarrollar múltiples proyectos durante los más de quince años de existencia de la asociación Los Cuatro Motores para Europa.

在认真仔细阅读之后，就可以开始着手进行翻译。如果我们假定是一个西班牙文四年大学本科或两年硕士毕业的译者来翻译这篇文章，那么，首先要把不懂的单词都查一下。查完辞典，将全文的基本思想、内容及中心意思弄清楚之后，就可以开始逐段进行翻译。

首先遇到的是文章的标题：

El papel de las pequeñas y medianas empresas en el desarrollo económico.

在没有翻译全文之前，最好将标题放一下，因为这是最难翻译的部分。只有完全领会并掌握了全文的中心思想和表达的主题之后，才能找到恰当的词来翻译文章标题。因此建议：在完成了全文的翻译工作之后，再来翻译标题，这时候的译文标题会比较符合中译文所表达的中心思想和议题。

1. Los "cuatro motores" dentro de sus Estados

Las regiones que constituyen los Cuatro Motores de Europa tienen un papel importante en la economía europea y en la economía de sus Estados. Dentro de sus Estados, las cuatro regiones contribuyen más en términos económicos que en términos de área o de población.

Así con una población que representa entre el 10% y el 15%,

- producen hasta un 20% de su PIB (en el caso de Cataluña y Lombardía),
- concentran entre el 15% y el 27% de la industria,
- la población trabajadora representa un 15% del total del respectivo estado,
- representan una parte muy significativa de las exportaciones totales (hasta el 30% en algún caso).

Y por esta razón las llamamos los Cuatro Motores para Europa.

在这一段里，可能需要查的词汇是：

motor 发动机

PIB 国民生产总值

Cataluña 加泰罗尼亚州

Lombardía 伦巴第州

解决了词汇之后，就开始第 1 个小标题的翻译：

"Los 'cuatro motores' dentro de sus Estados" 应该承认，这

是全文最难翻译的一个小标题，因为它是全文的中心思想。有学生将"cuatro motores"翻译成"四个发动机"或者"四个经济发动机"。这是因为学生没有足够的中文表达词汇，用直译的方法来表达原文的意思，也就是说，理解原文没有问题，问题出在中文表达能力上。

我们给出的译文如下：

1. 欧洲四个经济龙头地区在各自国家中的情况

增添欧洲两字，是因为这四个地区在亚洲、在中国确实不为多数人所知，尤其是加泰罗尼亚地区，一般人都不知道它在哪里。相反，这四个地区的首府都是国际著名的大都市：慕尼黑、米兰、里昂和巴塞罗那。其次，原文作者在文章的一开始就直截了当地使用四个经济龙头地区，根本就不知道，在欧洲以外，无人知晓这四个地区的名称及其地理位置（欧洲中心论心态的自然表露），可是译者应该知道这个事实，需要根据原文隐藏的含义（该含义尚未表达出来，但是原文读者都知道这个含义，可是译文读者，由于距离、信息和知识结构的不同，可能不甚知晓其隐藏的含义），对译文的信息进行补充和增添。因此，考虑到读者的实际情况，在译文中增添了"欧洲"和"经济"两个词。译者有责任在译文中补充一定的信息以完善译文的可理解性与可读性。

接下来就是正文第一段：

Las regiones que constituyen los Cuatro Motores de Europa tienen un papel importante en la economía europea y en la economía de sus Estados. Dentro de sus Estados, las cuatro regiones contribuyen más en términos económicos que en términos de área o de población.

在这段翻译中，译者首先需要掌握有关加泰罗尼亚州和伦巴第州的知识和情况，这样，才能把这篇文章翻译好。目前在互联网上可以查询到许多有关这两个地区的经济和贸易方面的信息。其次，译者可能会觉得下面这个句子比较难翻译：

Dentro de sus Estados, las cuatro regiones contribuyen más en términos económicos que en términos de área o de población.

这是从欧洲联盟的思维方式来表达其思想：欧洲每个地区都享有高度自治，他们与各自的所在国家是一种联盟形式，即用自己的土地、人口、经济、文化和科技等来进行政治联盟与合作。所以，各个地区的观点与立场是：本地区对所在国家的支持与贡献。了解并掌握了这种思维方式，并且从这个层面上理解上面这句话，就可以把这段话翻译如下：

欧洲四个经济龙头地区在欧洲经济以及本国经济中起着十分重要的作用。这四个龙头地区在自己国家的经济领域中，对本国经济的贡献多于自己的土地或人口对所在国家的贡献。

接下来一段：

Así con una población que representa entre el 10% y el 15%, • producen hasta un 20% de su PIB (en el caso de Cataluña y

Lombardía),

• concentran entre el 15% y el 27% de la industria,

• la población trabajadora representa un 15% del total del respectivo estado,

• representan una parte muy significativa de las exportaciones totales (hasta el 30% en algún caso),

Y por esta razón las llamamos los Cuatro Motores para Europa.

如果对小标题和正文第一段理解正确、透彻，那么，这一段就不难了，译文如下：

也就是说，在一个人口只占全国人口的 10% 至 15% 的地区，

• 国民生产总值占全国的 20%（这是加泰罗尼亚州和伦巴第州的情况）；

• 集中了全国 15% 至 27% 的工业；

• 劳动人口占所在国的全国劳动人口的 15%；

• 在所在国出口总量中占据着非常重要的份额（有的地区达到了 30% 的份额）。

鉴于这些原因，我们把这四个地区称之为推动欧洲经济发展的四个龙头地区。

最后一句话，原文"por esta razón"是单数，但是，上文提到的却是几项数据，是复数，而西文的单数具有概括性用法。因此，我们根据上下文逻辑，把单数译成复数："这些"而不是"这个"，这样，才能符合中文逻辑。这是译者考虑到译文读者的阅读习惯，完善译文。"motores para Europa"，我们的理解是

"作为欧洲经济发展"的原动力。基于这个理解，我们将原文隐藏的含义在中译文中明了化，译成："推动欧洲经济发展的四个龙头地区"。完成第一段翻译之后，我们开始找到翻译这篇文章的感觉了。任何一篇译文，开头部分总是最难的，因为没有感觉，这跟人与人之间的交往是一样的，多接触、进入角色之后就开始有感觉了。这是克服最大困难之后产生的喜悦、自信和快乐的感觉，这种感觉是译文具有职业品质的自然保证。

现在我们来看第 2 个小标题的内容：

2. Algunas características comunes

Las economías de las cuatro regiones tienen algunas características comunes.

- Son muy industriales y cuentan con un sector productivo potente y diversificado.
- Son dinámicas en términos de empleo y creación de empresas, educación e innovación.
- Además, las cuatro economías son abiertas y competitivas por lo que a comercio e inversiones extranjeras se refiere.

这一段可能要查的词汇是：

diversificado 多样化的

dinámicas 动态的，有活力的

翻译这一段，主要是如何将"diversificado"和"dinámicas"表达得恰当、正确，就因译者的中文水平而异了。所以，学生在学习高级翻译的时候才发现，原来是自己的中文水平不够，而不是外语水平不够。作者给出如下参考译文：

2. 一些共同的特征

四个龙头地区的经济有一些共同的特征：

- 非常工业化，拥有高度发达的生产性产业，而且涉及的产业十分广泛；
- 在创造就业、创建新企业、教育和技术创新等方面充满活力；
- 另外，这四个龙头地区在贸易和外来投资方面都十分开放，而且具有强大的竞争力。

接下来一段：

Según los datos de Eurostat, en las cuatro regiones el PIB (Producto Interior Bruto) industrial (junto con la construcción) aporta entre el 28% y el 32% del PIB total.

- En Baden-Württemberg, la maquinaria, los vehículos y los equipamientos mecánicos y electrónicos representan más de las dos terceras partes de los puestos de trabajo.
- Algunos de los segmentos en los que Rhône-Alpes es líder son las industrias del metal, la ingeniería mecánica, la transformación de plásticos, y las industrias química y farmacéutica, del textil y la confección, y eléctrica y electrónica.
- En Lombardía, la maquinaria, los equipamientos mecánicos, la metalurgia, los productos químicos y los textiles concentran la mayoría de la fuerza de trabajo industrial (67.8%) y la mayoría de empresas (59.5%).
- Finalmente, el 64% del valor añadido de la industria de Cataluña se concentra en los productos químicos, la metalurgia,

la alimentación y las bebidas, el papel, los transportes y la producción textil.

在这一段里，可能需要查找的词汇是：

Eurostat 欧洲统计总署

Baden-Württemberg 巴登—符腾堡州

segmentos 片段；产业

Rhône-Alpes 罗讷—阿尔卑斯州

equipamientos 装备；设备

在这一段中，作为译者，首先要了解清楚有关巴登—符腾堡州和罗讷—阿尔卑斯州的基本情况，掌握有关这两个地区的地理位置，经济、文化和科技现状等资料。这样才能把握住译文的内容。其次，作者认为比较难处理的是下面这句话：

Algunos de los segmentos en los que Rhône-Alpes es líder son las industrias del metal,…

这是典型的西班牙语富于文采的一种表达方式。我们只需要撇开其华丽的、语言结构复杂的部分，按照中国人思维和表达方式去看待这句句子，就能够掌握其含义：Rhône-Alpes es líder en algunos segmentos como las industrias del metal,…

关于西班牙文思维与表达方式请参看本书"西班牙语的表达方式"。这句话，我们建议的译文如下：

罗讷—阿尔卑斯州在一些产业中处于领先地位，这些产业是：冶金工业……

最后是 PIB 一词，英文是 GDP。由于这个词英文大家都明白，所以，不需要后面用括号注释。这一段的其余部分就会迎刃而解，其译文如下：

根据欧洲统计总署的数据显示，四个龙头地区的工业（包括建筑业）生产总值占国内生产总值的 28% 至 32%。

- 在巴登—符腾堡州，机械、汽车、机械设备、电子行业为本州提供了三分之二的工作岗位；
- 罗讷—阿尔卑斯州在一些产业中处于领先地位，这些产业是：冶金工业、机械工程、塑料再生、化学和药物工业、纺织和服装行业、电气和电子行业；
- 在伦巴第州，机械和机械设备、冶金工业、化学产品、纺织品等行业代表了本州工业力量的 67.8%，59.5% 企业都集中在这些行业中。
- 最后，在加泰罗尼亚州，64% 的工业附加值来自于化学、冶金、食品、饮料、造纸、运输以及纺织等行业。

接下来，我们来看下面一段：

Aparte de la industria, cabe destacar otros sectores y actividades económicos. Por ejemplo, vale la pena mencionar las actividades turísticas, el comercio, los servicios, la investigación, la formación y la red de comunicaciones.

- En Lombardía, el crecimiento de las empresas de servicios se debe a los servicios más innovadores y orientados a la industria, tales como los servicios en línea, las comunicaciones, y los créditos y seguros, mientras que los servicios más tradicionales se han desarrollado menos.

• En Cataluña, el comercio constituye un sector muy importante. Se calcula que representa entre el 10% y el 12% del PIB catalán. También es importante el turismo: Cataluña es el principal destino turístico de España, con más de 20 millones de visitantes extranjeros al año, es decir, el 27% del total español.

• Asimismo, Rhône-Alpes recibe más de 28 millones de turistas al año. Y combina su dinámica actividad turística con algunos de los principales laboratorios internacionales: el Centro Europeo para la Investigación Nuclear (CERN), los laboratorios europeos de sincrotrón (ESRF), el Centro Internacional de Investigación sobre el Cáncer (CIRC), etc.

• En Baden-Württemberg, los centros de investigación y toda una multitud de renombradas universidades, escuelas técnicas y universidades en convenio con empresas para la acción conjunta en enseñanza y formación, hablan por sí mismos. Y toda una extensa red de infraestructuras de la comunicación permite el acceso a los mercados globales.

De hecho, desde que unas buenas redes de transporte son vitales para asegurar el éxito económico, los sistemas de transporte rápidos y eficientes, tanto para pasajeros como para mercancías, son una de las características comunes a todas estas regiones.

这一段可能需要查的词汇是：

Centro Europeo para la Investigación Nuclear (CERN) 欧洲

核研究中心

Laboratorios Europeos de Sincrotrón (ESRF) 欧洲光速实验室

Centro Internacional de Investigación sobre el Cáncer (CIRC) 国际癌症研究所

在这一段中，可能遇到以下三个难点。

首先，"los servicios en línea"，这是一个含糊的概念，在原文作者的头脑中肯定清楚，servicios en línea 具体是指哪些方面的服务及其服务形式，原文读者也一定知道。但是，如果译者不是与原文作者居住在同一个国家或同一个城市，或者说译文读者身边，可能没有类似的服务形式，那么，首先就需要通过各种途径，获取有关"servicios en línea"的信息。尤其是在西班牙和加泰罗尼亚地区有关这方面的信息，借助这些信息才能确定中文语区是否存在相同的服务，而不是简单地从字面上去猜，去想象，可能猜对，也可能会猜错。猜不是高级翻译的翻译态度和翻译方法。我们认为每句以及每段译文都应该是有根有据的，而且经得起同行其他译者的推敲，这才是高级翻译应有的严谨的翻译态度。所以，在查询了有关信息之后，我们可以确定，在西班牙乃至整个欧盟，"los servicios en línea"是指各个公共机构（如税务局、各级政府的公民服务处等），教育机构（大学、教育部门等），金融及大型企业（如银行、电话公司等）通过网络提供各项服务（如信息、付款、转账等）。也就是足不出户，在网上就可以办妥很多与日常生活有关的事情。这是生活方式的发展趋势，不是电子商务，也不是网络商店，而是网络电子服务。在确定了这些信息之后，我们就可以将"los servicios en línea"翻译成"网络电子服务"。在译完这句话之后，译者应该会有种自信的感觉，因为这是经得起读者和其他译者的推敲的。

其次，在解决了这个难点之后，其他部分就比较容易解决，如果说有难点的话，采用上述方法将难点解决。比如"cabe destacar otros sectores y actividades económicas"这里的"actividades económicas"，从字面上看是经济活动，但是，在中文里，活动是一个具体的、小规模的行为；而在西班牙语中，"actividades"可大可小，"actividades económicas"是指那些传统行业概念以外的经济行为，如旅游业、服务业、职业培训等，这些行业在中文里统称为第三产业。所以，根据该文章的上下文，作者认为可以将"actividades económicas"译成第三产业。在这里，译者运用了转换原文含义的能力：透彻理解原文的真实含义，然后，将原文（西文）的真实含义用最恰当的目的语（中文）表达出来。翻译的转换能力是译文能够满足译文读者的阅读习惯和阅读目的的最重要的基本保证。培养学生的翻译转换能力是翻译教学与翻译实践最重要的内容之一，也是普通译者走向高级翻译的必经之路。

最后，在这一段里有几个专用名词，如：欧洲核研究中心（CERN）。

关于在专用名词中译文后面是否添加拉丁字母的缩写，是由每个译者根据译文读者群体对该专用名词的认知程度来决定的。如果读者非常熟悉这个专用名词，就不需要添加拉丁字母缩写。但是，许多情况下译者是第一个将一个专用名词介绍给目的语的读者群，那么就一定要将拉丁字母的原名或者其缩写字母添加在译文后面或用注脚的方式加以说明。在本译文中，作者建议将专用名称的缩写字母添加在中译文名词之后，是考虑到这样做，可以方便中文读者通过网络查询这些机构。

解决了上述三个难点之后，这段建议翻译如下：

除了工业以外，其他行业以及第三产业也非常引人注目，值得提一下的是旅游业、商业、服务业、科研、职业培训和通讯业。

- 在伦巴第州，从事服务业的企业在日益增长，因为随着工业的不断发展，出现了许多创新型的服务企业，比如，网络电子服务企业、通讯企业、信贷和保险公司。传统的服务型企业却成长缓慢。

- 在加泰罗尼亚州，商业是非常重要的行业，约占加泰罗尼亚州国民生产总值的 10% 至 12%。旅游业也占据着十分重要的地位：加泰罗尼亚是西班牙境内主要的旅游胜地。每年来这里旅游的外国游客达 2000 万，占整个来西班牙旅游人数的 27%。

- 同样，在罗讷—阿尔卑斯州，每年要接待 2800 万游客。在大力发展旅游业的同时，这里还拥有国际上一流的实验室，如：欧洲核研究中心（CERN）、欧洲同步加速器实验室（ESRF）、国际癌症研究中心（CIRC），等。

- 巴登—符腾堡州拥有各类科研中心，众多著名的大学，技术学校、大学和企业联合举办的各类教学和职业培训学校。这说明了这个地区在本国经济发展中的地位。发达而健全的通信设施让该地区的企业得以直接进入全球市场。事实上，一流的交通运输网是保证经济发展能够成功的关键所在。快速而有效的客货运输系统是这四个经济龙头地区的共同特征之一。

接下来，我们来看下面一段文章：

3. Las pequeñas y medianas empresas

Históricamente Baden-Württemberg, Cataluña, Lombardía y Ródano-Alpes han sido pioneras en términos de desarrollo económico e industrialización. Tomemos a Cataluña como ejemplo paradigmático en el contexto de España. A lo largo de estos años el espíritu innovador y la capacidad de avanzar superando las dificultades que representan tener territorios con pocos recursos naturales, y los problemas que han presentado los acontecimientos históricos a lo largo de los siglos, han alentado a hacer de estas regiones polos de atracción de las actividades económicas. Déjenme destacar que estas cuatro regiones cuentan con un territorio relativamente pequeño y también con una población limitada. No son regiones particularmente ricas: no tienen muchos recursos naturales a explotar. No hay oro, plata o diamantes; ni petróleo, carbón, uranio u otras fuentes de energía. Siendo montañosas en gran parte, tampoco son particularmente buenas para fines agrícolas. Si tuviéramos que expresarlo en una sola frase, diríamos que la riqueza más valiosa de todas estas regiones está en su gente. La gente y su capacidad de organizarse y trabajar duramente, y de inventar e innovar.

Actualmente, junto con las buenas infraestructuras existentes, una de las razones por las que estas regiones sean dinámicas y estén calificadas como motores económicos es su tejido económico. Lejos de sostenerse sobre unas cuantas grandes compañías, en él coexisten las grandes y las pequeñas empresas.

Básicamente, el tejido económico está hecho de una gran cantidad de pequeñas y medianas empresas de carácter emprendedor.

Esto da fuerza a la economía y actúa como factor de cohesión territorial. Las pequeñas y medianas empresas difunden el desarrollo territorial y crean sinergias que impulsan a las economías a evolucionar, desarrollarse y ser dinámicas. Esto se debe a que las pequeñas y medianas empresas tienen una gran capacidad de adaptación, innovación, flexibilidad y creación de empleo.

首先，可能会遇到的生词是：

paradigmático 作为范例的

alentar 鼓励，鼓舞

polo 中心，焦点

uranio 铀

tejido 纺织物

emprendedor 开创的，进取的

cohesión 连接，连贯

sinergias 协作，合作

如果对上面的翻译分析都理解、掌握的话，那么，文章翻译到 50% 的时候应该是得心应手了。在这一段里，可能会遇到的难点是以下四个。

第一个难点：

… han alentado a hacer de estas regiones polos de atracción de las actividades económicas.

这里的 "polos de atracción" 理解不应该是问题，即 "迷人的焦点"。但是在上下文中，把它直译成 "迷人的焦点" 是不通的，因为是在讲这四个地区的经济发展。这里出现的"actividades económicas"根据上下文，就不是第三产业了，而是指整个经济的发展。这个例子证明了本书所阐明的西班牙文的真正词义是要在其上下文中确定的，而不是简单地从词典上拿来其词义。因此，我们需要对这句话的中文表达进行推敲，将"polos de atracción"的真正含义用中文恰当地表达出来，而不是拘泥于一字一词。所以，在这句译文里就彰显出译者的中文功底，即中文的表达能力。这句话建议译成：

……使这些地区成为经济发展的热土，吸引了众多的企业落户在这四个地区。

第二个难点：

… Una de las razones por las que estas regiones sean dinámicas y estén calificadas como motoreseconómicos es su tejido económico.

这里的难点在于理解"tejido económico"。这需要对欧盟的经济结构有一定的了解，否则就会像有的学生将其翻译成"经济纺织"或者凭想象译成"纺织经济"，后者看上去还比较符合中文的习惯表达方法。其实，原文作者把这四个地区的中小企业的地理分布形象地比喻成一块布，密密麻麻，互相交错并交接，最终形成整个经济发展的动力。所以，这里的"tejido"已经是一个比喻的用法，而不是它的原意：布。如果按照我们的理解，那么，"tejido económico"应该是"经济布局"。这句话就可以译成：

这四个地区经济非常活跃并且能够被称为经济"龙头"，其中原因之一是它的经济布局。

第三个难点：

Las pequeñas y medianas empresas difunden el desarrollo territorial y crean sinergias que impulsan a las economías a evolucionar, desarrollarse y ser dinámicas.

从字面理解"sinergias"一词不难，但是这个词的真实含义在西班牙语中非常灵活，要依照上下文去确定。这里可以把它理解成"合作、协作"，这样，译文如下：

中小企业推动着各个地区的经济发展，为企业之间的合作创造条件，促使各地区经济不断地向前发展，使经济发展越来越具活力……

第四个难点：

Las pequeñas y medianas empresas tienen una gran capacidad de adaptación, innovación, flexibilidad y creación de empleo.

在一段文章中，翻译西班牙文单词是需要一定的想象、知识和经验的。这里的"adaptación""innovación""flexibilidad"就是一个例证。用中文处理好这三个词是这段翻译的关键。"adaptación"的原意是适应（环境）。根据上下文，我们的理解是：

（企业）具有适应社会、经济和科技发展的能力。"innovación"一词的原意是"革新"。根据西班牙社会上的实际用法，这个词是指"技术创新"。"flexibilidad"一词的原意是灵活性。我们根据上下文，理解原文作者是想说企业因为小，所以非常富有灵活性、多样性，这样企业才能生存、发展。正如中国的古话："船大掉头难。"所以，我们用（企业）"灵活多样"来翻译这个词。

我们对西班牙文单词翻译的建议是：在充分理解并掌握作者的意图之后，要将内在的含义用中文表达出来。而这些内在的含义，在原文读者看来是不需要的，因为有社会信息做背景，但是译文读者没有原文读者所处的社会信息背景。因此，译者必须用补充信息的方法表达出来，这样才能使中文读者理解原文。所以，对译者来说，掌握原文所处的社会背景及其信息和知识是正确理解原文单词的必要前提。在这里，理解比表达更难，因为一旦理解并掌握了原文的意思，表达就是水到渠成的事。

我们建议的这句话的译文如下：

中小企业具有非常强大的适应社会、经济和科技发展的能力，充满技术创新精神，而且灵活多样，能够不断创造新的就业岗位。

在解决了四个难点之后，我们就可以将这一段全部翻译成中文。

3. 中小企业

从历史上讲，巴登—符腾堡、加泰罗尼亚、伦巴第和罗讷—阿尔卑斯四个地区在经济和工业化发展过程中就已经是走在最前面的地区。比如，加泰罗尼亚地区在西班牙的情况，就是一个典型的例子。尽管这四个地区自然资源贫乏，而且还要面临几百年积沉下来的历史问题，但是，这些年来，勇于创新、追求进取的精神使这些地区成为经济发展的热土，吸引了众多的企业落户在这四个地区。

请允许我特别指出一点，这四个地区的土地面积相对都比较小，人口也有限，可以开发的自然资源也不丰富。既没有金矿，也没有银矿和钻石，更没有石油和煤炭，没有铀，也没有其他能源资源。大部分都是山区，不利农业发展。但是，如果我们可以用一句话来表达的话，那就是，我们这些地区最有价值的财富就是人民。有组织能力、愿意辛勤工作并且具有发明和创新能力的人民。

目前，这四个地区经济非常活跃并且能够被称为经济"龙头"，除了现有良好的基础设施之外，另外一个原因是它的经济布局。这四个地区的经济，不是依赖几家大型企业作为经济支柱，而是大型企业与中小型企业并存的经济发展模式。

经济布局基本上是由大量的、具有创新精神的中小企业构成，这些企业给经济注入了活力，成为各个地区经济发展的重要因素。中小企业推动着各个地区的发展，为企业之间的合作创造条件，促使各地区的经济不断地向前发展，越来越具活力，因为中小企业不仅具有非常强大的适应社会、经济和科技发展的能力，而且充满技术创新精神，灵活多样，能够不断创造新的就业岗位。

如果理解翻译了上面一段，那么接下来的一段就比较容
易。我们先来看一下原文：

Algunos datos:

• Baden-Württemberg no sólo es la residencia de compañías
mundialmente famosas, sino también de muchas pequeñas
y medianas empresas. Alrededor de 480.000 PYME y
trabajadores autónomos generan aproximadamente dos de cada
tres trabajos y forman a cuatro o incluso a cinco aprendices o
trabajadores en prácticas. Generan más del 50% del producto
interior bruto y pagan alrededor del 80% de los impuestos
sobre el comercio. Nueve de cada diez medianas empresas son
negocios familiares.

• En Rhône-Alpes, con un 10.2% de todas las empresas
francesas (casi 425000 empresas), solamente el 0.05% tiene
más de 500 empleados y casi el 92% emplea a menos de 10
personas.

• Una situación parecida la tenemos en Cataluña, donde hay casi
495000 empresas, 54000 de ellas en el sector industrial. En
Cataluña, el 93.7% de empresas tiene menos de 10 empleados,
y las que cuentan con más de 250 empleados representan
solamente el 0.1%. Casi la mitad de los puestos de trabajo se
concentran en empresas de menos de 50 trabajadores.

• En Lombardía, el tamaño medio de las empresas implicadas
en actividades de fabricación es de 8.5 trabajadores. De hecho,
la mayor parte de la estructura productiva de Lombardía está

constituida por unidades de trabajo locales de menos de 10 empleados (más del 93% del total). Este 93% de empresas emplea al 43% de la población laboral total. Las empresas de más de 250 trabajadores solamente representan el 0,1% del total y emplean al 13% de todos los trabajadores.

在这一段中，可能需要查找的生词如下：

PYME 是西班牙语的中小企业的缩写：pequeñas y medianas empresas。

这一段基本上没有任何难点，如果说有的话，那么就是不了解 PYME 这个缩写。但是通过网络查询，可以知道是什么意思。所以，使用网络资讯是现代翻译的必要手段之一。译者不再受限于双语词典及百科全书。

我们提出如下参考译文：

请看一些数据：

• 巴登—符腾堡不仅有国际著名的公司在那儿落户，而且也有大量的中小企业在那儿扎根。48 万左右的中小企业和自雇人员为全州提供三分之二的工作岗位，为四分之三或五分之四的学徒提供实习机会，创造 50% 以上的国民生产总值。商业税收的 80% 来自这些中小企业和自雇人员。十家企业中，九家属于家族型企业。

• 在罗讷—阿尔卑斯州，拥有全法国 10.2% 的企业，大约有 42.5 万家企业落户在那儿，只有 0.05% 的企业拥有 500 个员工，几乎 92% 的企业雇用不到 10 个员工。

• 在我们加泰罗尼亚州，情况也差不多。大约拥有 49 万家

企业，其中 5.4 万家企业从事工业生产行业。加泰罗尼亚
93.7% 的企业雇用不到 10 个员工。只有 0.1% 的企业雇佣
250 个以上员工。几乎一半的工作岗位集中在那些不到
50 个员工的企业内。

- 在伦巴第州，参与生产制造的企业，平均规模是 8.5 个工
  人。可以这么说，伦巴第州的生产结构是由规模不到 10
  人的本地企业组成的。这些企业占全州企业总数的 93%
  以上。93% 的企业雇用了总人口的 43%。只有 0.1% 的企
  业拥有 250 个以上员工，占整个劳动人口的 13%。

完成了这一段之后，基本上就算译完了全文的四分之三
了。如果译到这里，还觉得在理解原文上有困难的话，那么，
需要请教有关专家，帮助理解原文。请教专家是翻译过程中常
用的一种手段。高级翻译需要拥有广泛的、各行各业的专家信
息，如果能够成为熟人或朋友那就更好。

我们来看下一段，这是结尾之前的最后一段。我们选择
分析的段落越来越长，这是因为翻译顺手之后，难点就越来越
少，如果有的话，按照前面介绍的处理方法，可以把相同或相
似的难点一一解决。请看原文：

4. Innovación e internacionalización

Finalmente, vale la pena echar una mirada a la innovación
y lainternacionalización, dos áreas claves para que las empresas y
lasregiones sean competitivas actualmente. Tradicionalmente, estasdos
áreas han estado asociadas únicamente a la existencia degrandes
compañías multinacionales. Sin embargo, las actuacionesde los cuatro

motores en ambos campos son ejemplo de cómo estetipo de tejido económico también puede ser competitivo.

Innovación

- Las inversiones en I+D en Cataluña representan más del 22%del total español. Las inversiones de las empresas catalanas eninnovación suponen el 27% del total español. Además, Cataluña es la primera región española en número de patentes españolas (661 de 2904) y de patentes europeas (96 de 299). La proporción entre patentes y millones de habitantes es de 104, mientras que la media española es de 61.

- Rhône-Alpes tiene casi el 12% de todas las patentes de Francia y también el 12% de los investigadores franceses. Y hay 20000 puestos de trabajo en el ámbito científico. La investigación y el desarrollo privados son un punto clave de la región, que es la segunda región económica francesa para la investigación en términos de inversiones y empresas.

- Finalmente, de acuerdo con los datos de Eurostat, Baden-Württemberg representa el 26% del total de las inversiones alemanas en investigación y desarrollo efectuadas por las empresas, y Lombardía representa más del 34% del total para Italia.

Internacionalización

- Las exportaciones de Baden-Württemberg (101 billones de euros) son casi el doble de las de Lombardía (59 billones de euros) y el triple de las de Rhône-Alpes y Cataluña (37 y 36 billones de euros respectivamente). Pero en todos los casos la contribución de las regiones al comercio internacional de los Estados es relevante. El índice de apertura (media de importaciones y exportaciones sobre el PIB) es del 30% aproximadamente en Baden-Württemberg, algo superior en Cataluña (34.4%) y Lombardía (32%), y algo menor en Rhône-Alpes (25%). Algunos datos más: más del 40% de la producción interior de Baden- Württemberg (83 billones de euros) se exporta a todo el mundo y, en Cataluña, unas 18000 empresas exportan, la mitad de ellas regularmente, y 3000 venden más del 25% de su producción al exterior.

• Atraídas en parte por su tejido económico, las inversiones internacionales también son importantes en estas economías. Rhône-Alpes posee 821 empresas de más de 50 empleados basadas en el capital extranjero. Y Cataluña alberga al 53% de las empresas alemanas que operan en España, el 61% de las francesas, el 65% de las japonesas, el 77% de las americanas, etc.

• La inversión extranjera influye positivamente en los proveedores internos en cuanto a producción, calidad e innovación y, entre otras cosas, les impulsa a invertir en el extranjero. Cataluña es un buen ejemplo de este dinamismo. Representa el 27% de las inversiones industriales extranjeras en España y el 37% de las inversiones industriales españolas en el extranjero (media 2003-2008). La evolución de los tres últimos años es extremadamente positiva. En 2005, las empresas industriales catalanas invirtieron en el extranjero más del doble de lo que lo hicieron en 2001 y, además, estas salidas de capital industrial superaron las entradas de capital industrial extranjeras, que tradicionalmente habían sido siempre más elevadas.

在这一段里，可能遇到的生词是：

I＋D 科研开发是西班牙语 investigación y desarrollo 的缩写，在西班牙已经普遍使用 I＋D 这个缩写形式。

patente 专利

índice 指数

apertura 开放

Índice de apertura 开放指数

albergar 接纳，庇护

dinamismo 推动力，劲头

这一段的难点有以下两处：

La proporción entre patentes y millones de habitantes es de 104, mientras que la media española es de 61.

这句话需要一定的知识，明白专利数与人口数的比例关系。这是在说明一个民族的创造力。理解了这点，翻译就迎刃而解了：

专利数量与百万人口数之比是104，西班牙的专利数量与人口数的平均之比是61。

Cataluña es un buen ejemplo de este dinamismo.

在西班牙语中，很短的句子是非常难翻译的，因为需要凭借所掌握的信息、知识和经验，再加上一定的想象和猜测，才能把握住一个关键词的真正含义，才能真正领会原文作者的意图以及他想要表达的意思。这里的"dinamismo"就是一个很好的例子。这个词是这句话的关键词。弄明白这个词，这句话就解决了。所以，译者首先想到的是查辞典。可是，我们查遍所有的西中辞典会发现，辞典上的释义都不管用，只有靠译者自己的理解来解决这个词的意思。所以，我们就必须阅读上下文，用上下文已经表达的意思来确定这个词的真正含义。上文有两个动词很重要："influye（positivamente）"影响（积极地）、"impulsa（a invertir）"推动（向外投资）。掌握了这两个关键动词的真实含义，就可以确定"dinamismo"是在讲"外来投资与向外投资"，即投资的一进一出情况。

如果是这样理解的话，那么，这句话的译文就可以是：

加泰罗尼亚在吸引外来投资以及到海外去投资这两方面是一个极佳的范例。

另外，这样的补充说明性译文，从商业角度上讲也有一个好处。我们来看一下这一段的前三行：

La inversión extranjera influye positivamente en los proveedores internos en cuanto a producción, calidad e innovación y, entre otras cosas, les impulsa a invertir en el extranjero. Cataluña es un buen ejemplo de este dinamismo.

外国企业在本地的投资，非常积极地推动了本地企业在生产、质量和技术创新方面的发展，同时，也促进本地企业到海外去投资。加泰罗尼亚在吸引外来投资以及到海外去投资这两方面是一个极佳的范例。

原文和中文字数差不多，所以，增加了补充信息并不显得冗长。译者需要考虑到客户是不懂中文的，但是一定会数行数和词数。如果中文译得太短或太简练，客户会怀疑是否把原文都译出来了。尽管这种疑虑毫无根据，但是客户的情绪也是需要考虑的。所以，要根据原文的篇幅长短，采用补充说明性的方式增加译文篇幅的长短。这是高级翻译与只靠工资收入的译者的不同地方。中西语言特征与差异（中文简练、西文冗长）以及商业因素会左右翻译的篇幅，但是这个因素不会改变译文的质量和风格。作者在西班牙从事高级翻译工作时，曾经遇到这样一个情况：在全部译完客户委托的一篇长文之后，自我感觉良好，觉得不会有什么大的翻译质量问题。但是，一周之后，客户突然打电话给译者（即作者本人），说要同译者一起对译文进行一次校对。译者心里还纳闷，客户不懂中文，怎么进行译文校对？莫非他已经找了另一个懂中西文的人来进行校对？但译者走进客户的办公室，发现没有其他任何人，就客户一个人。坐下来寒暄几句之后，客户拿出原文，同时把译文交给译者，请译者看着中译文，用西班牙文将原文的意思重复一遍。这时候译者才恍然大悟，客户是想通过还原法来确定译文是否全面忠实于原文的意思。因为，再好的译者，在将一篇长达三四十页的原文翻译完一周之后，能够一词一句全部都记住，应该是不可能的。所以只能依照译文所表达的意思来还原原文的意思。这仿佛是客户在"考"译者。如果通不过这样的

"考试"，最坏的结果是拿不到翻译费，同时，永远失去这个客户。好在译者通过了这样一场特殊的"考试"。同时也向客户咨询了为什么要这样做。客户的答复是：原文有35页，译文却只有31页。少了4页，怀疑是否漏译了一部分或者提要性地翻译原文。译者得向客户解释，中文相对西班牙文而言要简练短小得多。客户终于接受了译者的解释和译文，支付了翻译费。对译者来说，这是职场上终生难忘的一个提示：西中翻译，不仅要注重质量，而且也需要注意到翻译以外的一些细小因素，如词数、句数和页数。这三"数"基本上要同西语原文相接近。因为在西班牙以及欧盟翻译市场上是按原文词数来支付翻译报酬的。

在解决了这两个难点之后，这一大段的翻译应该比较顺手，如果有困难的话，作者认为是中文表达能力方面的困难。需要通过多阅读、多写作提高中文的表达水平。

我们建议的译文如下：

4. 创新精神与企业国际化

最后，值得提一下技术创新与企业国际化这两个话题。目前，创新与国际化是我们这四个地区以及我们的企业能够具有竞争力的两大关键要素。从传统意义上讲，技术创新与国际化会让人联想到是大型跨国公司的工作。但是，四个龙头地区在这两个方面的所作所为可以证明，以技术创新和企业国际化为特点的这种经济格局也是非常具有竞争力的。

- 加泰罗尼亚在科研开发方面的投资占整个西班牙总投资的22%。加泰罗尼亚的企业在技术创新方面的投资占全西班牙总投资的27%。另外，加泰罗尼是全西班牙拥有专利数量最多的地区：2904 项专利中 661 项属于加泰罗尼亚，299 项欧洲专利中 96 项属于加泰罗尼亚。专利数量与百万人口数之比是 104，西班牙的专利数量与人口数的平均之比是 61。

• 罗讷—阿尔卑斯州几乎拥有全法国 12% 的专利，全法国 12% 的研究人员集中在罗讷—阿尔卑斯州工作。在科研领域有两万个工作岗位。私人科研开发是该地区的关键亮点。在科研方面的投资以及企业参与科研开发方面，罗讷—阿尔卑斯州是法国第二大经济区。

• 最后，根据欧洲统计总署的数据显示，在巴登—符腾堡州，企业在科研开发方面的投资占全德国总投入的 26%。在伦巴第州，科研方面的投资占全意大利的 34% 以上。

国际化

• 巴登—符腾堡州的出口（101 万亿欧元）几乎是伦巴第州的两倍（59 万亿欧元）、罗讷—阿尔卑斯州和加泰罗尼亚州的三倍（它们分别为 37 万亿和 36 万亿欧元）。不管怎么说，每个地区对本国国际贸易的贡献是非常显著的。开放指数（进出口贸易平均值与国内生产总值的比例），在巴登—符腾堡州为 30% 左右；加泰罗尼亚州略高一点，为 34.4%；伦巴第州为 32%；罗讷—阿尔卑斯略低一点，为 25%。还有一些数据：巴登—符腾堡州生产的产品，40% 出口到世界各地（83 万亿欧元），在加泰罗尼亚，大约有 1.8 万家企业从事出口业务，其中有一半的企业常年从事出口业务，3000 家企业生产的产品，有 25% 出口到海外。

• 这样的经济布局也是吸引国际投资落户这四个地区的原因之一，这些投资对这四个地区的经济发展起着重要作用。

罗讷—阿尔卑斯州拥有 50 人以上的外资企业共有 821 家。在全西班牙，53% 的德国企业、61% 的法国企业、65% 的日本企业和 77% 的美国企业都落户在加泰罗尼亚州。

- 外国企业在本地的投资，非常积极地推动了本地企业在生产、质量和技术创新方面的发展，同时，也促进本地企业到海外去投资。加泰罗尼亚在吸引外来投资以及到海外去投资这两方面是一个极佳的范例。在加泰罗尼亚的外国工业投资占全西班牙外国投资的 27%，加泰罗尼亚在海外的工业投资占全西班牙海外投资的 37%（2003 年到 2008 年的平均数）。最近三年的发展势头非常良好。2005 年，加泰罗尼亚工业企业在海外的投资是 2001 年的三倍。另外，现在的工业资本流出已经高于外国工业资本的流入。以往总是外国资本流入高于本地工业资本的流出。

在完成了上述译文之后，我们来翻译这最后一段"结论"，应该是得心应手了，没有任何难点，而且也已经完全理解了原文的意思。我们先来看原文：

5. Conclusión

Ahora nos estamos presentando juntas por primera vez fuera de Europa. Todos ustedes conocen Europa, con nuestros cuatro Estados, Alemania, España, Italia y Francia, y su capacidad industrial y comercial.

Sin embargo, queremos señalar que al mismo tiempo que hay importantes diferencias en términos de cultura, costumbres, tradiciones, e incluso la lengua, como en el caso de Cataluña, en estos estados entre las propias regiones que los conforman, hay regiones de diferentes Estados que son similares en términos de economía, gracias al hecho de que tienen una red equivalente de pequeñas y medianas empresas, un espíritu innovador y una voluntad de internacionalización.

Estos Cuatro Motores lo son para el desarrollo de sus respectivos Estados.

Además, hay que notar que, a pesar de no tener fronteras comunes entre sí, han sido capaces de colaborar en áreas de interés común y desarrollar múltiples proyectos durante los más de quince años de existencia de la asociación Los Cuatro Motores para Europa.

这是西班牙一个自治区政府高级官员的一份演讲稿，听众是中文语区的官员和企业家。因此，"Todos ustedes conocen Europa"不是指书面读者，而是指在场的听众。这是译文使用环境改变原文的意思。正如我们在前文提到的，问清楚译文的用途，对译文的表达有一定的辅助作用。所以，在这里，我们不是直译成"你们大家都了解欧洲"，而是"在场的各位都了解欧洲"。请看建议的译文：

5. 结论

今天，我们第一次在欧洲以外的国家介绍我们自己。在场的各位都了解欧洲，知道我们所在的四个国家：德国、西班牙、意大利和法国以及我们在工业和贸易方面的能力。

我们想指出的是，虽然同在一个国家内，但是，在文化、习俗、传统甚至语言方面，存在着很大的不同，比如加泰罗尼亚就是一个例子。尽管我们四个地区处在各自不同的国家内，但是在经济领域却有着十分相似的地方。这应该归功于这四个地区都有一个合理的、由中小企业构成的经济布局，都有创新精神以及国际化的意愿。

这四个龙头地区是各自所在国家经济发展的动力。

另外，必须指出的是，尽管这四个地区没有共同的国界线，却能在共同感兴趣的领域进行合作，在欧洲四个龙头地区的联合体运作的 15 年内，共同开发、实施了众多的合作项目。

最后我们回过头来翻译这篇文章的标题：

El papel de las pequeñas y medianas empresas en el desarrollo económico

中小企业在经济发展中的作用

将标题放到最后译的目的，是为了能够让译出的标题真正体现全文的中心思想，也为了避免一开始就陷入困境，在没有完全理解全文的前提下就翻译，一定会是个一知半解的标题译文。运气好，标题很容易译；运气不好，译完全文，可能还是不知道标题应该怎么译。

作 者 提 示

高级翻译要求一篇合格的译文不能有三个以上严重的理解或表达的错误，否则，一定会给苛刻的读者或听众留下一个坏印象。尽管在这样一篇文章中，所有的句子、段落都翻译得很好，但是，只要有两三个这样的错误，就很难再获得客户或读者的信赖。因此，必须从一开始打算从事高级翻译就用这个标准要求自己交出的每篇译文。

第二节　科技翻译案例分析

首先，我们需要从西班牙和拉丁美洲这个角度给科技做一个简单的定义：在西中翻译行业内所涉及的科技，一般是指西班牙企业的产品具有一定的技术含量或成分。因为西班牙以及拉丁美洲在现代科技方面的各个领域都处于比较滞后的状态，所以，需要从西班牙文翻译成中文并不太多，相反，倒是翻译过不少从中文翻译成西文的纯科技文献。

鉴于西班牙许多企业希望进入中国市场，因此，企业首先想到的是需要将公司的产品说明翻译成中文，所以，在这方面存在着一定的翻译需求，形成规模不大的翻译市场。由于本书的篇幅有限，作者在翻译过的文章中选择一篇具有代表性的作为翻译分析的素材，还有几篇放在附录中供读者做参考。

西班牙文的科技文章翻译的最大特点是：在阅读方面，要么能够全部看懂原文，要么一点儿也看不懂原文，一知半解的可能性很小。在表达方面，最大的困惑是找不到恰当的专业词汇来表达。在科技文章翻译中，文化要素的影响甚小，知识要素起着决定性的作用。掌握原文所涉及的知识是译文具有专业水准并且保证译文质量的必要前提。只掌握语言而没有广泛的知识，是没法进行科技文章的翻译的，无论是西中翻译还是欧洲其他语言的翻译，都是同样的问题。这就是为什么作者一再强调，高级翻译与普通翻译的最大区别之一就是知识掌握的多少。另外，掌握科技文章的翻译是一名高级翻译在本地乃至全球翻译市场上具有竞争力的重要标志之一，因为知识就是力量，就是竞争力。

下面我们来分析这篇涉及医学和医用器材的文章。这是西班牙一家公司计划向中国市场推销其医疗器材的一篇介绍文章。请先阅读全文：

Hidroterapia de Colon

Ya desde antiguo vienen realizándose tratamientos mediante enemas del intestino grueso. La hidroterapia de colon es una posibilidad conocida procedente de EE. UU., en donde desde hace años ha acreditado su eficacia de limpieza y sanación del intestino.

Su necesidad resulta del hecho de que prácticamente no existe ya persona alguna con una función intestinal en perfectas condiciones. La mayoría de las personas padece una composición alterada de las bacterias intestinales, esto es, disbiosis.

De ello resultan procesos digestivos deficientes, con formación de sustancias tóxicas y residuos. En un nuevo proceso se produce el auto-envenenamiento del cuerpo, la autointoxicación. Las consecuencias de ello son pérdida de vitalidad, cansancio, depresiones, falta de concentración, agresividad y estados de ansiedad. Infecciones, reuma, poliartritis, hipertonía, afecciones cutáneas, migrañas, alergias y otras dolencias son enfermedades que en la actualidad se atribuyen a un mal funcionamiento del intestino.

Los procesos inmunológicos en el cuerpo humano han sido

contemplados durante mucho tiempo desde el punto de vista de la infección. Ahora sin embargo es ya suficientemente conocida la muy estrecha relación existente entre los procesos metabólicos y el sistema inmunitario. F.X. Mayr ha hecho mucho hincapié en las afecciones del sistema inmunitario y ha propuesto una vía de recuperación de la salud. "La muerte se esconde en el intestino", nos advierte un antiguo proverbio de cruda actualidad en nuesta época. En un intestino sano deben, por tanto, sentarse las bases de un cuerpo sano.

En la constipación, el intestino ha perdido su motilidad normal. Las incrustaciones y las concreciones en el austro impiden un peristaltismo normal. La hidroterapia del colon elimina con eficacia las heces estancadas, acumuladas y los productos de putrefacción de las paredes del intestino. Este proceso de depuración natural permite la eliminación de aquellos síntomas relacionados directa o indirectamente con el mal funcionamiento del intestino.

Los médicos de diferentes orientaciones terapéuticas biológicas han recomendado siempre tandas de enemas. Así, en el siglo XIX, Kuhne remitía ya a la limpieza del intestino y Rosendorff en el siglo XX, la ha puesto en práctica a lo largo de medio siglo.

La hidroterapia del colon es una posibilidad de limpieza y sanación intestinal que procede de EE UU, en donde viene aplicándose con éxito desde hace años. El método tiene la ventaja añadida de su facilidad de ejecución y eficacia.

本文共 386 个词，如果按照西班牙的翻译市场的译费来计算，一个词为 0.15 欧元的话，那么，整篇文章的翻译为 57.90 欧元（税前价格）。这个价格意味着译者应该用两个小时的时间完成译文。为什么要这么要求自己？因为时间就是金钱。如果译者用 8 个小时来完成这篇文章的翻译工作，那么就意味着每小时的翻译报酬只有 7.24 欧元。作为一名高级翻译必须考虑到这个因素，因为有的科技文章非常难，完全超出了译者的知识范围和能力范围，勉强去做，只会累坏自己。所以，在承接一篇科技文章之前，需要仔细阅读全文，自问涉及的知识是否在自己的知识范围之内，千万不能一共 386 个词需要查阅辞典 350 个词。

下面，我们从翻译角度来分析该篇文章。先将题目放在一边，到全文译完之后再来翻译。

第一、二段：

Ya desde antiguo vienen realizándose tratamientos mediante enemas del intestino grueso. La hidroterapia de colon es una posibilidad conocida procedente de EE. UU., en donde desde hace años ha acreditado su eficacia de limpieza y sanación del intestino.

Su necesidad resulta del hecho de que prácticamente no existe ya persona alguna con una función intestinal en perfectas condiciones. La mayoría de las personas padece una composición alterada de las bacterias intestinales, esto es, disbiosis.

可能遇到的生词：

enemas 灌肠剂

intestino grueso 大肠

hidroterapia 水疗

colon 结肠

acreditar 证明，证实

sanación 治疗，疗效

bacterias 细菌

disbiosis（大肠）坏菌症（这是一个医学专用名词，在普通辞典中查找不到）

首先，我们需要掌握这篇文章的所有单词。在两段共 74 个词中，有 8 个词不认得，占 11% 左右是可以接受的，也就是说，是在时间允许的范围内。这个范围以 10% 至 20% 的生词为限。超出 20% 单词不认得，那么就太耗时在查单词上，而且，在知识面上开始对全文感到困惑。所以，确定是否接受一篇科技文章进行翻译，掌握这个生词比例范围非常重要。如果是刚开始做科技文章的翻译，不计时间的投入，只想多练习翻译，多掌握知识，那么，是可以不考虑这个"生词范围"因素的。但是作为高级翻译，已经具有一定的翻译经验，那么是一定要考虑这个"生词范围"因素的。

其次，我们需要掌握这篇文章所涉及的知识。在网络时代，是很容易获得许多知识信息的。掌握这个技巧，是翻译科技文章的必要前提。

请看下面的参考译文：

自古以来就有清肠疗法，对大肠进行治疗。由美国发展起来的大肠水疗法，是人们熟知的一种大肠疗法。多年来的临床实践证明，它对大肠的清洗和治疗具有显著的疗效。

人们需要这种治疗是因为目前没有任何一个人的大肠功能处于最佳的状态。大部分人的大肠内都带有大肠坏菌混合物，这就是大肠坏菌症。

在这两段中，最难的一句话就是"La mayoría de las personas padece una composición alterada de las bacterias intestinales, esto es, disbiosis."因为一个非常医学专业化的词汇"disbiosis"阻碍着译者译完这句话。所以，科技翻译的特点就是：要么全懂，要么一点都不懂，也就是说，要么全部翻译出来，要么一个字都翻译不出来，不像文学作品翻译可以灵活变通。

接下来一段：

De ello resultan procesos digestivos deficientes, con formación de sustancias tóxicas y residuos. En un nuevo proceso se produce el auto-envenenamiento del cuerpo, la autointoxicación. Las consecuencias de ello son pérdida de vitalidad, cansancio, depresiones, falta de concentración, agresividad y estados de ansiedad. Infecciones, reuma, poliartritis, hipertonía, afecciones cutáneas, migrañas, alergias y otras dolencias son enfermedades que en la actualidad se atribuyen a un mal funcionamiento del intestino.

在这一段里有一连串的疾病名称，只需要查一下辞典基本上都能得到解决，如：

depresión 抑郁症

reuma 关节炎

poliartritis 多关节炎

hipertonía 高血压

afecciones cutáneas 皮肤病

migrañas 偏头痛

alergias 过敏

请看下面的参考译文：

患有大肠坏菌症的病者，其消化过程就会发生不良变化，在大肠内形成毒素和"垃圾"。在新一轮的消化过程中，这些毒素和"垃圾"就会被人体自动吸收掉，这叫自我中毒。其结果会出现下面这些症状：精力不足、容易疲倦、抑郁症、注意力分散、脾气暴躁、焦虑症、各类炎症、关节炎、多关节炎、高血压、皮肤病、偏头痛、过敏，以及其他一些慢性病。这些慢性病症目前都归因于大肠功能紊乱而导致的。

这一段的难点是理解所有的疾病名称。掌握这些名称所涉及的医学知识，其目的是译者自己对所译的文章有一种自信，也就是说，无论是从语言还是从知识角度去衡量，译者自己对译文都有着十分的把握，译文所表达的内容都是正确无误的，译文质量是有保证的。

我们再来看下面一段：

Los procesos inmunológicos en el cuerpo humano han sido contemplados durante mucho tiempo desde el punto de vista de la infección. Ahora sin embargo es ya suficientemente conocida la muy estrecha relación existente entre los procesos metabólicos y el sistema inmunitario. F.X. Mayr [1] ha hecho mucho hincapié en las afecciones del sistema inmunitario y ha propuesto una vía de recuperación de la salud. "La muerte se esconde en el intestino", nos advierte un antiguo

———————
① 奥地利的弗·克沙·迈尔博士（1875～1965），其清肠理论为后人所熟知。
上海科学技术出版社出版过德国劳赫撰写的译著：《迈尔博士教您清肠》。

proverbio de cruda actualidad en nuestra época. En un intestino sano deben, por tanto, sentarse las bases de un cuerpo sano.

这里，首先需要解决以下几个生词：

inmunológico 免疫的

metabólico 新陈代谢的

在这一段里，有一个人名"F.X. Mayr"，在原文读者群里，这是一个非常熟悉的名字，所以，只需要用缩写"F.X."加上姓"Mayr"。但是，在译文读者群中是否对这个非常熟知，就需要译者来判断。如果非常熟知，如：爱因斯坦、达尔文等就不需要加注，如果是译者第一个引入该西方人名到中文语区，那么就要做一个简单的注解。这是一个基本的原则，因为在科技领域的翻译，译者不仅承担着翻译的责任，同时，在某种意义上，还承担着传播新知识、最新技术以及新人物的责任。那么，译者如何知道该知识或该人物是否已经被介绍到中文语区呢？在当今信息时代，通过百度或谷歌网络搜索，应该是可以确定的。因为，在西班牙有一句现代俗语："凡是在网络上查不到的东西（如公司、人名、术语或新知识、新科技），那么，它在现代社会是不存在的。"网络让我们的译者可以真正地做到：秀才不出门，可知天下事。

在这里，译者决定加一个注解，因为译文是给普通读者阅读，而不是给医学界的专家阅读。医学专家也许知道迈尔博士其人其名，但是普通读者不一定知道。

很久以来，人们一直从传染的角度去观察人体的免疫过程。而现在，则已经有足够的证据证明，新陈代谢与免疫系统存在着十分密切的联系。弗·克沙·迈尔博士一再强调，要注意来自免疫系统的疾病。他指出了一条可以恢复人体健康的途径："死亡就隐藏在肠子里。"用一句古老的谚语指出了我们当今社会中存在的一个残酷的现实。由此可见，人体健康应该建立在一个健康的大肠基础上。

现在，我们来看原文的最后三段：

En la constipación, el intestino ha perdido su motilidad normal. Las incrustaciones y las concreciones en el intestino impiden un peristaltismo normal. La hidroterapia del colon elimina con eficacia las heces estancadas, acumuladas y los productos de putrefacción de las paredes del intestino. Este proceso de depuración natural permite la eliminación de aquellos síntomas relacionados directa o indirectamente con el mal funcionamiento del intestino.

Los médicos de diferentes orientaciones terapéuticas biológicas han recomendado siempre tandas de enemas. Así, en el siglo XIX, habían médicos que remitían ya a la limpieza del intestino y en el siglo XX, muchos médicos la ha puesto en práctica a lo largo de medio siglo.

La hidroterapia del colon es una posibilidad de limpieza y sanación intestinal que procede de EE UU, en donde viene aplicándose con éxito desde hace años. El método tiene la ventaja añadida de su facilidad de ejecución y eficacia.

首先要整理出下面这些不懂的生词：
constipación 便秘

motilidad 蠕动，移动

incrustación 硬物

concreción 结块

peristaltismo（肠壁的）蠕动

heces 粪便

putrefacción 腐烂

tanda 疗程

remitir 采用

然后，我们可以重新阅读一遍这段原文，目的是在解决了生词之后，看看是否能够完全看懂原文。如果都看明白了，那么就可以着手进行翻译。

如果一个人患上了便秘，那么他的肠子就失去了正常的活动功能。肠子里的硬物和结块就会阻碍肠壁的正常蠕动。大肠水疗法可以有效地清除肠壁上滞留和沉积的粪便，同时，将肠壁上的腐烂渣物也一起清除干净。这个清洗的过程可以将那些直接或间接与大肠功能紊乱有关的病症一起治疗好。

在生物疗法领域，持各个不同主张的医生，都会建议采用清肠疗法。所以，在19世纪，已经有大夫进行大肠清洗工作；20世纪则有很多医生，临床采用这种清肠疗法进行治疗，而且已经长达半个多世纪。

由美国发展起来的大肠水疗法，是清洗、治疗大肠的疗法之一。在美国，大肠水疗法已经成功地进行了多年。大肠水疗法的另外一个好处是操作方便、疗效显著。

在这三段译文中，最大的难点是下面这句话：

Los médicos de diferentes orientaciones terapéuticas biológicas han recomendado siempre tandas de enemas.

许多学生在翻译这句话的时候，被"orientaciones"这个词弄糊涂了，不知道这个词在指什么。如果知道"orientaciones"是方向的意思，那么结合上下全文，应该看到，每个好的医生都有自己的一套治疗方法，而这些方法一定基于自己的观点及主张。医生的一个主张或观点就是治疗疾病的方向。如果是这样理解，那么，"orientaciones"一词就可以译成"主张"或"观点"。而把"terapéuticas biológicas"（生物疗法）作为单独的词语列出来，放在句首，是因为人体健康的疗法有许许多多，形成各自的领域，如自然疗法，物理疗法，化学疗法等。那么，生物疗法也是其中的一个领域。

最后，我们回到本篇译文讲解的开头，即如何翻译文章的标题。如果我们读懂了该文章并正确地把它翻译成了中文，那么该文章的标题翻译也是水到渠成的事。这是一种翻译策略，也是一种省时省力的方法。

Hidroterapra de Coleno
大肠水疗法

至此，我们完成了该篇文章的全部译文讲解。

作 者 提 示

一篇好的科技译文，不仅要译得好，能够让外行读者看得懂，而且还必须能够说明为什么要这样翻译，其语言依据、知识依据在哪里。只有这样，科技译文才能够在其涉及的科技领域里站得住脚，译者才会有自信，知道自己是新科技、新知识的第一引入人、介绍者。

更多的各类题材的科技文章的西班牙文原文，请参看附录的第二部分。

第三节　司法、行政翻译案例分析

司法、行政文章的翻译，最大的特点是直译而不能意译，所以难度比较大。因为西班牙文和中文在语言表达、文章风格等各个方面差异甚大，将西班牙文的司法文章直译成中文，而且又必须符合中文的表达习惯，确实是一个很大的挑战。所以，第一步，我们需要全面掌握西班牙的司法体系和相关的法律知识以及法律术语，这是翻译司法文件的首要条件。因为许多中西翻译工作者缺乏对西班牙的法律知识的了解，没有掌握西班牙语中的法律术语，所有目前鲜少有人能够从事这方面的翻译工作。第二步，就是要掌握中文语区的司法文章的特点以及相关的司法机构及其法律知识和术语。当一名译者掌握了中西两种语言所涉及的两个国家的法律知识和术语之后，那么，译者本身也已经是一名不能开业的律师。只有成为一名不能开业的业余律师，才能成为一名可以开业的高级中西法律翻译。可喜的前景是：中欧以及中西都已经在司法领域进行全面的合作，这就需要一定数量的中西高级翻译从事这方面的口译和笔译工作。所以，我们鼓励年轻的中西译者能够在中西司法翻译领域一展自己的才华，相信会有广阔的职业发展前景。

同样，在行政翻译方面，也一定需要了解并掌握西班牙政府机构的框架以及每个机构的名称及其官员的头衔名称，同时，能够掌握中文语区里相对应的机构名称和官员头衔名称。另外，还需要掌握行政文章的特点以及一些特定的术语。

下面，我们选用一篇西班牙法院传票作为案例来进行分析，给读者一些启发和参考。由于篇幅有限，无法在此对西班牙法律知识以及各级法院的分类做详细介绍。但是，要将下面这篇法院传票翻译正确，必须要掌握西班牙的法律知识和术语

这是一份百分之百原样的传票，是作者作为法庭指定翻译曾经参与过的一个案子。考虑到当事人的隐私，本传票中说所涉及的人名和地址都是经过修改的。请先看整篇原文：

JUZGADO CENTRAL DE INSTRUCCIÓN Nº 010 MADRID
GENOVA 22, Teléfono 91.397.45.68, Fax: 91.319.48.84
SUMARIO (PROC. ORDINARIO) 78/2010-8

CÉDULA DE CITACIÓN

ÓRGANO QUE ORDENA CITAR: Juzgado Central de Instrucción Nº.10 de MADRID

RESOLUCIÓN QUE LO ACUERDA: Auto de 07 de diciembre de 2010 dictado en la causa arriba indicada.

PERSONA QUE SE CITA: Dan Li, con N.I.E. X-34874612-G, nacido en Shanghai, (China) 10/02/1956, hijo de Zhaowang Li y Andi Wu, con domicilio en Sevilla, en la calle Ponente, 154, 5ºA.

OBJETO DE LA CITACIÓN: Prestar declaración INDAGATORIA

como IMPUTADO sobre hechos objeto de la causa, y comparecencia prevista en el artículo. 505 LEY Criminal.

LUGAR, DÍA Y HORA DONDE DEBE COMPARECER: En la sede de este Juzgado Central de Instrucción nº 1, sito en C/ GENOVA, 22 de Madrid, el próximo día 21 de diciembre de 2010 a las 10:30 horas de su mañana.

PREVENCIONES LEGALES

1.- Su asistencia es obligatoria. Si no comparece, la orden de comparecencia podrá convertirse en orden de detención.

2.- Al comparecer debe presentar el documento nacional de Identidad y esta cédula.

3.- Deberá comparecer asistido de abogado que le defienda. En otro caso se le designará del turno de oficio, si lo solicita (artículo. 118 de la Ley de Enjuiciamiento Criminal). En este caso, deberá comunicarlo telefónicamente a este Juzgado, el día anterior hábil al señalado para la declaración.

En Madrid, a doce de diciembre de dos mil diez.

我们先来看第一段：

JUZGADO CENTRAL DE INSTRUCCIÓN Nº 010 MADRID GENOVA 22, Teléfono 91.397.45.68, Fax: 91.319.48.84 SUMARIO (PROC. ORDINARIO) 78/2010-8

这里的生词有：

INSTRUCCIÓN　审理

SUMARIO 预审

PROC. 程序，是 procedimiento 的缩写

在这一段的翻译中，最困难的一句是：JUZGADO CENTRAL DE INSTRUCCIÓN Nº 010 MADRID.

如何将"JUZGADO"与"INSTRUCCIÓN"处理好是关键，因为这里涉及译者是否对西班牙法院充分了解，同时又需要兼顾到中文语区的法院名称是否与之对等。所以掌握两地的法律知识是关键。知识是翻译质量的保证。

在西班牙的法院机构中，"JUZGADO"相等于初级法院；上面是地方高级法院（AUDIENCIA）；再往上，是国家最高法院（TRIBUNA SUPREMA）。这是一个基本分类。在西班牙的初级法院内可以分 1 号、2 号或 3 号法院。本传票所涉及的是中央初级法院。另外，在每个初级法院设有一二十个审理厅。每个审理厅审理不同性质的案件。本传票涉及的是 10 号审理厅。"78/2010-8"可以理解成案件编号。这是法院的普遍做法，每个案件都有一个编号。所以，其参考译文如下：

马德里中央初级法院 10 号法庭

地址：赫诺瓦街 22 号

电话：91.397.45.68

传真：91.319.48.84

预审（普通司法程序）案件编号：78/2010-8

我们来看下面一段：

CÉDULA DE CITACIÓN

ÓRGANO QUE ORDENA CITAR: Juzgado Central de Instrucción Nº.10 de MADRID

RESOLUCIÓN QUE LO ACUERDA: Auto de 07 de diciembre de 2010 dictado en la causa arriba indicada.

在这两段里的生词只有一个：

auto 判决

这个词在拉丁美洲的西语国家使用得非常普遍，是汽车的意思，而在西班牙则少有人用，只有在法院里用，所以也就只有法律范畴内的词义。一个非常普通的常用词，却含有特定专业术语词义，是十分容易让译者犯错误的。所以，始终要记住，我们现在是在翻译一篇法律文章。下面是作者提供的参考译文：

法院传票

发出本传票的机构：马德里中央初级法院10号法庭

发出本传票的依据：根据上述原因，于2010年12月7日裁定的判决。

接下来，我们来看下面三段：

PERSONA QUE SE CITA: Dan Li, con N.I.E. X-34874612-G, nacido en Shanghai, (China) 10/02/1956, hijo de Zhaowang Li y Andi Wu, con domicilio en Sevilla, en la calle Ponente, 154, 5ºA.

OBJETO DE LA CITACIÓN: Prestar declaración INDAGATORIA como IMPUTADO sobre hechos objeto de la

causa, y comparecencia prevista en el artículo. 505 LEY Criminal.
LUGAR, DÍA Y HORA DONDE DEBE COMPARECER: En la
sede de este Juzgado Central de Instrucción nº 1, sito en C/GENOVA,
22 de Madrid, el próximo día 21 de diciembre de 2010 a las 10:30
horas de su mañana.

这里的生词有:

INDAGATORIO 调查的

IMPUTADO(刑事)被告

comparecencia 出庭

查阅几本大的西汉大辞典,都找不到"IMPUTADO"一词的中文词义。这种情况将会随着译者的知识视野的扩大、中西语水平的不断提高而时常发生。如果遇到这种情况,首先是应该恭喜译者的各方面的水平,包括中西语言、文化和知识都已经超越了大辞典的范围;其次,就是要找到解决问题的途径与工具。本书作者建议,使用西班牙皇家学院出版的网络西西辞典,可以免费查询到所有的词条,而且每年都在更新,增添新词条,远比十年出一本词典的效率要高很多倍。我们通过这个网站,可以查到"IMPUTADO"的西语解释:

adj. Der. Dicho de una persona: Contra quien se dirige un
proceso penal. U. t. c. s.

该词可作形容词 adj. 用,也可以作名词 U. t. c. s. 用,而且是法律上(Der.)的一个词语。剩下的就看译者的中文法律知识和法律术语掌握的情况了。如果能够看到西文解释的话,那么，应该可以明白是"被告"（Contra quien），而且是刑事案件（proceso penal）的被告。所以我们将该词注释为（刑事）被告。

第一段是被传讯人的姓名、地址等，这个信息绝对不能翻译错，因为是被传讯的人委托翻译把该传票翻译成中文。西班牙法院不会要求传票先翻译成中文再送达给传讯人。

第二段是传讯目的，所以将"INDAGATORIA"特别大写，是为了询问目的传被告。这是法官要从被告人口中亲自得到有关该案子的口供或供词。

第三段传讯出庭的地点、时间。应该不会有任何问题，因为在传票的抬头就已经阐明了。

这三段的参考译文如下：

被传讯的人：李郸，持外国人身份证号 X-34874612-G，出生地：中国，上海，出生日期：1956年2月10日。父亲：李兆旺，母亲：武安蒂。现居住地址：赛维利亚市，西方街，154号，5º楼A门。
本传票的目的：根据西班牙刑事法第505条，作为被告到法庭出庭，将由法官对被告进行本案子的调查审讯。
被告人必须出庭的地点、日期和时间：中央初级法院10号法庭，地址：马德里赫诺瓦街22号。时间：2010年12月21日，上午10点30分。

原文的最后一部分：

PREVENCIONES LEGALES

1.- Su asistencia es obligatoria. Si no comparece, la orden de comparecencia podrá convertirse en orden de detención.

2.- Al comparecer debe presentar el documento nacional de Identidad y esta cédula.

3.- Deberá comparecer asistido de abogado que le defienda. En otro caso se le designará del turno de oficio, si lo solicita (artículo. 118 de la Ley de Enjuiciamiento Criminal). En este caso, deberá comunicarlo telefónicamente a este Juzgado, el día anterior hábil al señalado para la declaración.

En Madrid, a doce de diciembre de dos mil diez.

这里可能遇到的生词只有一个：

enjuiciamiento　司法程序

可能难理解的句子是："En otro caso se le designará del turno de oficio."如果不了解西班牙的律师行业的情况，那么"turno de oficio"是很难理解的。在西班牙开业做律师，首先需要成为律师公会的会员，然后，必须轮流为本地法院提出的被告做免费辩护律师。而需要获得免费律师辩护的公民或外国侨民，则必须向法院提出上年度个人所得税单，以证明自己的收入符合申请免费律师的规定。另外，根据西班牙司法程序法，任何人上法庭，无论是被告还是原告都必须有律师陪同，不能因为没有钱请不起律师就自己上法庭辩护和起诉。因此，法院有义务为请不起律师的被告聘请免费律师。掌握了这个信息，就能够明白"turno de oficio"是指什么。

请看下面的译文：

法律忠告：

1.被传讯者必须出庭。如果不出庭，本传票则会变成逮捕令。

2. 出庭时必须出示身份证和本传票。

3. 必须在律师陪同下出庭，并由律师为其辩护。如果没有辩护律师的话，则可以向本法院申请，由法院指派轮值的专业律师为其辩护（依据刑事司法程序法第 118 条之规定）。如果需要法院指派律师，则必须在出庭供词前一个工作日电话通知本法院。

马德里，2010 年 12 月 12 日

分析讲解到这里，法院传票的翻译就完成了。

作 者 提 示

要翻译好这样一篇看似简短的法律文章，必须要掌握丰富的法律知识和法律术语。如果是第一次翻译法律文章的话，那么最好是请教一下专业律师或这方面的专家。

行政文章也一样。在附录中读者可以看到多篇法律和行政文章，包括地产买卖合同、房屋租赁合同等。在西班牙的实际生活中都是会遇到的。做这些文章的翻译，都有一个共同的特点：掌握知识、掌握信息、掌握专业术语。

第四节　文学及艺术著作翻译案例分析

从司法文章一下子跳到文学及艺术著作的翻译，正好是从直译走到意译的过程。文学翻译，讲究的是遣词造句优美典雅，具有文采。因此，文学翻译必须在直译的基础上，揉进意译的手段，直译意译相结合，才能达到文学作品所需要的意境。

达到这样的文学意境，需要时间，需要人生阅历，需要社会的历练以及文笔的磨炼。另外，文学作品的翻译不是在大学课堂里能够学出来的，因为，百分之九十九的文学翻译都是从外语到母语。也就是说，母语比外语更重要，外语学院或翻译学院大多注重外语的培养，而培养母语写作能力的中文系是不教授翻译的。这对矛盾只能通过有志从事文学翻译的译者自己来解决。也就是说，文学作品的绝大多数译者都是自学成才的，自我摸索成名的。最后，文学创作是作者的灵感，通过文字把这种积压多年的东西"发泄"出来。如果译者的头脑中没有这种需要发泄的感觉，是体会不到作者的意境的。所以说，翻译文学作品是需要靠"悟"的。既然是"悟"的东西，那么是很难言传的。对大多数年轻人来讲，学习文学翻译，只能是属于练笔，培养自己的母语写作能力，而非作为自己求职或职业发展的方向，除非具有一定的文学禀赋。但是，人过三十，如果对文学有着执着的兴趣，那么，不妨作为业余爱好，尝试做一些文学作品的翻译工作。在这个年龄段，就业、家庭问题都解决了，人生进入了一个成熟与发展的阶段。

下面一段译文，是作者对当代前卫艺术有感悟而选择的一本艺术家的巨著来进行翻译。通过该巨著的翻译，译者对当代西方艺术有了进一步的认识与感受，成为终身受用的财富。因此，在此选择一段作为案例分析。请先看原文：

Salí al frío de la calle, con las mejillas rojas de emoción, después de haber podido abrazar a aquel pintor legendario al cual no hay nadie en el mundo que, por un motivo u otro, no lo lleve en el corazón. Años después he tenido ocasión de confirmar la grandeza de su espíritu en todos los momentos en que se le ha solicitado, y he visto palpablemente que un gran artista siempre es un gran hombre.

Parece como si todavía estuviera en el autobús de la línea 52 que me llevaba a Saint-Cloud aquel frío mediodía que, curiosamente, mostraba un cielo azul y un sol semejante al nuestro. Aquel trayecto reconocido tantas y tantas veces en estados de ánimo tan diversos, por la Avenue Président Wilson, Cour la Reine, etc. me pareció más alegre que nunca. París era magnífico; todo me parecía mucho mejor, incluso los olores que a aquella hora emanaban de los pequeños restaurantes o el fuerte perfume de la señora gorda sentada a mi lado. Los castaños ya anunciaban los primeros brotes y en casa seguramente me esperaba una carta de Teresa.

Inmediatamente le envié a ella un pequeño librito que Picasso nos dedicó y que guardamos como un tesoro. Años después hemos tenido ocasión de coleccionar diversas cosas del viejo maestro, pero la emoción que aquel día me supuso tener su autógrafo en el bolsillo y enviarlo a mi amada no se puede comparar con nada. [1]

这一段的上文背景是艺术家塔皮埃斯第一次在巴黎见到画坛巨匠毕加索。这是他走出毕加索家之后的一段感受。这一段相对其他章节容易一些。在这一段的原文中，除了几个专用地名之外，如果是学完四年本科西班牙语专业的毕业生来进行翻译的话，应该是没有什么生词的。也就是说，困难的地方不在原文，而在于中文的表达上。这就是文学翻译的最大特点：原

---

① TAPIES A, Memoria personal: Fragmento para una autobiografia. Barcelona: Editorial Seix Barral: 288.

文非常优雅，作为精通西班牙语的任何一个译者都能够体验到原文的流畅与优雅，但是，如何用中文将这两个特点表达出来，需要的不是西班牙文的功底，而是中文的功底，也就是中文的遣词造句与书面表达能力，或者说中文的写作与创作能力。下面是译文：

我走上冰冷的大街，脸颊绯红，刚刚得以拥抱那位传奇式的画家，心情异常激动。那是一位当今世界上没有人出于这样或那样的理由而不把他记在心上的画家。几年之后，我有机会验证，在任何时候，只要需要他，他都会表现出一种伟大的人格与精神。我活生生地看到一位伟大的艺术家总是一位伟大的人。

好像我还乘坐在那个寒冷的中午曾把我带到圣克卢去的52路公共汽车上。很奇怪，那蓝天，那太阳同自己故土的很相像。威尔逊总统大街、王后大院等，那段路我跑过一遍又一遍，是那么熟悉。每次的情感又那么不同，而现在我感到从未有的兴奋。巴黎是挺好的，而现在我觉得一切都更好了，连那小饭店飘出的气味也更香了，而坐在我身边的胖妇人散发出的香水味也好受些了。栗树已经开始绽绿，家里肯定还有一封特蕾莎的信在等着我。

我立即把毕加索给我们签送的一本小书寄给她。这本书我们一直像宝贝似的珍藏着。几年后我们得以收集起这位长者、这位大师的不少东西。但是那一天，在兜里揣着他的亲笔签名并且把它寄给我的心上人——特蕾莎时的激动心情是无与伦比的。[1]

---

① 周敏康，陈泉. 塔皮埃斯回忆录，长沙：湖南美术出版社，1992：123.

分析与翻译体会：

首先，在翻译《塔皮埃斯回忆录》一书，包括这一段的过程中，遇到的最大挑战是要求自己的译文必须流畅、通顺，符合中文的阅读习惯，而不是如原文那样都是长句子（长句子是西班牙文文章具有典雅性的一大特点）。比如一句话：

Salí al frío de la calle, con las mejillas rojas de emoción, después de haber podido abrazar a aquel pintor legendario al cual no hay nadie en el mundo que, por un motivo u otro, no lo lleve en el corazón.

这41个词是一句话。中文这样表达就不行，需要运用修补策略，重新整理，将其中每一个段落的含义按照主次层面重新进行分类与排列。关于这方面的理论阐述请参看西班牙语的表达方式。

我走上冰冷的大街，脸颊绯红，刚刚得以拥抱那位传奇式的画家，心情异常激动。那是一位当今世界上没有人出于这样或那样的理由而不把他记在心上的画家。

其次，在选择中文词语时必须采用有文采和艺术感的词汇，因为，同样一个词，中文可以用口头语来表达，也可以用书面语来表达；可以用通俗也可以典雅。全面平衡每个词语与使用是译者在文学翻译中所需要考量的。比如：

Los castaños ya anunciaban los primeros brotes···.
栗树已经开始绽绿。

也可以译成：

栗树已经开始吐出第一批嫩芽。

栗树已经开始露出第一批嫩芽。

以上三句译文，作者认为都是可以接受的，这就是为什么经典文学作品可以百译不腻，实在是因为有太多的译法，如《堂·吉诃德》中译本，即使是最新的版本，也一定不是最后的版本，更不是最好的翻译版本。相信若干年之后会有才华横溢的后生渴望重新翻译，推出更好、更新的中译本。文学翻译在选择词语方面具有独特的译者个性，因此，译文也就具有鲜明的译者风格。

最后，在句子中增加了注释性词是为了增强可理解性，如：

pero la emoción que aquel día me supuso tener su autógrafo en el bolsillo y enviarlo a mi amada no se puede comparar con nada.

但是那一天，在兜里揣着他的亲笔签名并且把它寄给我的心上人——特蕾莎时的激动心情是无与伦比的。

这里增添的"特蕾莎"一词是属于注释性的。因为在这一篇短文中出现的"特蕾莎"与"心上人"是否是同一个人并不清楚。可是译者知道是同一个人，所以加了这个注释性的词——"特蕾莎"。这是属于翻译技术层面上的。所有翻译都可以有许许多多的技巧或技术，译者能够做到顺手拿来恰当的技巧解决翻译问题，就算达到了高级翻译的水准。要知道，翻译技巧都是事后总结出来的，绝对不是在做翻译之前就能够领会、掌握的。

第四章

西中高级翻译教学

　　将翻译作为一门大学学科来对待，最早可以追溯到 1972
年 Holmes 提出的翻译学科理论。所以，从那时开始，西方，
尤其是欧洲众多大学都相继开设翻译本科、硕士以及博士专业
课程，甚至翻译学院①。可喜的是最近十年来，教育部确认翻译
可以从外语教学学科中分出来，作为一门独立的学科开展教
学，并且先后在众多的大学成立了翻译系或推出翻译本科、硕
士及博士专业课程。可是有关东西方语言的翻译教学的研究与
理论还非常匮乏，因此，探讨翻译教学就成为必要的课题。本
章主要集中探讨西中笔译教学方面的一些问题。围绕着翻译教
学目的和方法阐述作者本人的经验、观点与建议。同时，根据
本书的特点，对经贸、科技以及法律、行政管理三大领域的翻
译教学进行阐述。

---

① 如作者所任教的西班牙巴塞罗那自治大学翻译学院就是于 1972 年成立的。
　它是西班牙大学中最早成立的翻译学院，到目前为止，也是唯一一所包
　括中文在内的翻译语言最多的学院。

第一节　翻译教学的目的

在开展翻译教学之前，我们首先需要确定我们的翻译教学目标是什么，需要培养什么样的翻译工作者，然后，才能确定使用什么样的教材最适合达到我们确定的教学目标。

今天，在这个信息极其发达的时代，培养什么样的翻译工作者，不应该只是教学单位（大学）说了算，而是必须按照就业市场上的需求来确定翻译教学目的与教学目标。将翻译教学目的紧紧地与翻译市场需要联系在一起，就可以做到事半功倍。如果只是按照翻译教师的特长与爱好来确定翻译教学的目的、目标与教学内容，那在没有开课之前，就已经注定是无成效的翻译教学。我们的翻译教学目标是培养学生具有解决各种翻译问题与难题的能力，培养学生成为两种语言以及文化的行家。而处理与解决翻译问题的能力主要指的是：使用两种语言进行阅读与表达的能力；理解、掌握并运用两种文化的能力；掌握所翻译文章涉及的题材与知识的能力；掌握两种语言之间无任何干扰的转换能力；掌握本地与异地翻译市场动态的能力。培养学生具备这五种能力就是我们组织翻译教学的基本目标与目的。

翻译教学的最终目的是培养学生具有翻译市场所能够接受的翻译能力，也就是说，学生做出来的翻译文章能够为客户所接受，从而能够获得经济上的回报。所以，评判翻译教学是否成功，是否达到目的，只有一个标准，那就是将学生毕业时所做的翻译文章交给社会上的客户去评判。如果社会上的客户大多数认为学生翻译的文章能够接受，那么，这批学生就可以毕业了，他们唯一缺乏的是更多的翻译实践与翻译经验，其次是翻译客户。这三项是任何一所翻译院系所不能给予的，需要学生自己去寻找。而社会客户是谁？最好的客户就是学生的家长（最好是受过高等教育的家长），因为家长不会骗自己的孩子。如果连家长都不能接受自己孩子所翻译的文章，如何让真正的客户来接受。所以，在我的整个翻译教学过程中，总是用这个方法来检验我们的翻译教学是否达到预期的目的，这样可以让学生对老师给的分数心服口服。我曾经教过学生翻译一篇化学方面的文章，正好有位学生的家长是化学工程师，她将自己翻译过的文章在交给老师前先给家长看，得到的答复是：能够看得懂，但是语句不通，表达不专业，不会使用专业术语。如果以行业人士的眼光来看的话，肯定不及格。家长这番评语，给学生很大的打击。如果她对老师的评判还将信将疑的话，那么，对家长的专业评语则肯定是深信不疑。后来，经过老师的分析和纠正，再给这位学生家长看，这位化学工程师一看就觉得这才像是专业人士写出来的专业文章。通过这样的方法，一方面给学生指出了翻译上的错误，另一方面，用事实教导学生应该朝哪个方向努力，提高自己的翻译能力与水平。建议讲授翻译课的教师，不妨找机会尝试一下，一定会找到合适的家长做我们翻译教学的社会客户。

第二节　翻译教学的教材选用

在翻译教学目标确定之后，我们才能确定选用什么样的教材来进行翻译教学。由于翻译行业所涉及的题材千变万化，日新月异，翻译教学中已不可能仅采用一本固定的翻译教科书。所以，在欧盟各大学翻译系，几乎没有老师在使用一本翻译教科书，而且，出版社也已经不再出版翻译教科书，大多数出版社都倾向出版翻译理论与实践的参考书。笔者在巴塞罗那自治大学组织中西高级翻译硕士班的教学时，都建议老师采用最新的素材，最好拿自己刚刚翻译完的文章作为翻译素材供学生课堂实践与翻译讲解使用。在我们大学翻译系担任翻译课的老师，一般都是本地翻译市场上的翻译高手，我们的老师不仅会教翻译，更重要的是，他本身就是一名高级职业翻译，甚至是有名的高级翻译。所以，在翻译实践中，很容易得到第一手的翻译资料，作为教学中可以使用的最真实、最实际的翻译案例，对案例进行分析、讲解。选择什么样的题材来进行翻译教学，需要根据翻译目标与翻译教师自身的翻译经验来确定。如果我们的教学目标是培养文学翻译，当然是选择文学作品作为素材来组织翻译教学，而且最好是教师自己翻译的文学作品，因为这样的讲解可以体现出教师的实际经验与理论研究，也比较容易为学生所接受。但是，如果是培养文学翻译以外的高级翻译，可以分为四大类：经贸类，科技类，司法、行政类，国际政治、国际关系类（外交）。如果加上文学类，那么这五大类基本涵盖了翻译市场上百分之九十五以上的需要。也许在大学本科层面上的翻译教学不需要五大类题材，但是，在研究生教学层面上，学生一定需要在两年的学习期间进行这五大类题材的翻译实践与锻炼。

在确定了翻译题材之后，选择什么文章作为翻译教学的素材需要有一定的标准，不是随老师的个人喜好与手头仅有的文章而定的。尽管在这方面还缺乏大家能够认同的标准，但是笔者认为，选择翻译教学用的素材标准应该与翻译教学目标紧密连在一起，每篇文章都必须包含一定的翻译教学目的，帮助学生学会解决翻译中出现的一两个甚至两三个问题，这样，通过一学年的课堂翻译教学，学生能够获得一定的解决翻译问题的能力。这是选择翻译教学素材的基本标准和基本要求。

综上所述，我们可以将翻译教材的选用归纳为三点：文章必须是真实的，与翻译市场实际运作的一样；文章必须具有知识性，具有社会交际的功能；文章必须具有代表性的翻译问题，需要学生去解决。这些翻译问题应该是从简单到复杂，从语言到文化，从基本知识到专业知识。

第三节　翻译教学的方法：案例法

翻译教学的方法是翻译教学理论中最具研究意义的课题之一，因为传统的翻译教学方法与外语教学方法混淆在一起了。上翻译课的时候，为了帮助学生理解原文，老师把大多数时间用来讲解语法、句型或语法错误。这是上翻译课的一大误区。

学生需要掌握两门语言来做翻译，但是学生更加需要学习掌握解决翻译过程中出现的文化、题材和语言转换方面的问题的能力，这才是翻译教学的重点，也是翻译教学理论的研究重点。翻译是一种经验性的职业，需要积累一定的翻译经验才能将翻译做好，做到无懈可击。所以，学生通过课堂的翻译实践可以积累一定的翻译经验。由此，我们认为，采用翻译案例分析法可以培养学生获得解决翻译问题的实际能力。

什么是翻译案例分析法？我们认为，在组织翻译教学的时候，将每一篇翻译过的完整的原文拿来作为翻译课堂教学的案例进行模拟与实践。然后针对学生做完的翻译文章进行全面的讲评与分析，真正做到课堂翻译教学与当地翻译市场的实际运作相一致，将课堂变成当地翻译市场的一个模拟场所。使学生从课堂走出去，马上就能进入当地翻译市场就职或自己创业，成为自雇的职业翻译。而不是在翻译教学过程中，只教授学生翻译句子，讲解翻译技巧。这是翻译教学的大忌，因为翻译技巧都是翻译之后得出的结论或解释——为什么要这样翻译。在翻译之前或翻译过程中是没有什么翻译技巧可传授的，只有培养学生解决翻译问题的能力可言。

因此，将完整的一篇文章交给学生去翻译，就如同翻译市场的实际情况：一家翻译公司或客户委托译者进行一篇文章的翻译。在课堂上，老师就是日后的客户，所交代的文章就是将来可以收取翻译费的原文。而且，在对原文进行翻译之前，需要在课堂上模拟翻译市场上的实际情况，即译者（学生）要根据原文的词数向客户（老师）报价，同时提出交稿的时间，在客户接受报价之后才开始进行翻译。这时候，老师可以根据全班每个学生提出的交稿时间得出一个平均值，从而确定所有学生必须在这个平均值的时间内交翻译文章。这是培养学生具备翻译经济效益性的概念。假设以一个清洁工一小时的收入为 10 元作为基数，我们的学生在翻译一篇文章时，如果他的报价是 150 元，而且翻译市场上客户能够接受的最高价格也就是 150 元（一个合理的价格），但是我们的学生需要投入两天 16 个工作小时的时间来完成这篇翻译稿件，那么要告诉学生，他的翻译经济效益还不如一个清洁工的报酬，他在学习上的投入都白费了，还不如去做清洁工，挣钱还多一点儿。从实际案例去教学，首先就要培养学生建立起翻译职业的经济效益概念。其次，是培养学生的竞争概念。同班同学，很有可能将来就是本地或异地翻译市场上的竞争对手，要在价格上进行竞争，也需要在翻译效益上进行竞争。通过案例法教学，首先引入的是翻译的经济效益和翻译竞争概念。根据笔者本人多年的翻译教学经验来看，这是培养学生真正走进翻译市场的第一步。

第四节　翻译错误分析及纠正错误的策略

翻译教学案例法的重点，除了选好素材供学生做翻译实践以外，更重要的是针对学生完成的翻译文章逐一进行分析。翻译案例的分析主要集中在翻译错误的分析以及纠正错误的策略。在没做任何翻译分析之前，就将老师自己已经完成的翻译作品交给学生，让学生自己去比较分析。如果是这样的翻译教学的话，那么，学生是永远学不会翻译的，因为学生没能看到老师翻译这篇文章的过程是什么，也就是说，不知道老师是怎么做出来的。学生只看到老师做的翻译结果。学生可能知道自己是怎么做出这篇翻译文章的，但是，学生更需要知道自己的翻译文章是否达到了翻译市场或者说客户所能接受的水平。如果没有达到，学生需要知道错误在哪里，今后如何改进、提高。有的学生遇到翻译难题的时候，甚至不知道如何处理好。在这些情况之下，只有通过老师对原文理解、译文表达等进行全面的讲解、分析与引导，才能培养起学生对翻译的兴趣、自信以及翻译能力。

学生的翻译作业一定会有这样或那样的翻译错误。首先要告诉学生，在翻译市场上，客户是不能容忍所翻译的文章有错误的，也就是要求学生要将翻译错误降到零。这是成为高级翻译最基本的要求，在这个基础之上，才有可能要求翻译文章通顺与优美。为此，将学生在翻译过程中所犯的错误逐一进行分类并进行分析，最后给学生讲解有关纠正翻译错误的策略，这才是翻译教学的任务。

一、翻译错误的种类及其分析

首先需要确定，什么是翻译错误？笔者认为，只要一篇完整的翻译稿件或者翻译段落甚至句子没有能够完整、正确地传递原文的信息，没能充分地达到不同语言区人们的书面交际目的，那么，翻译的功能就丧失了，造成翻译错误。翻译错误多种多样，如果我们按照翻译市场运作的实际情况，从功能性与交际性出发，我们可以把翻译错误分成以下四类：

第一类错误：译者没有达到客户所提出的翻译委托要求，收不到译稿酬金。比如，没有能够及时交稿，或者译者翻译出来的文章客户不能接受，因为没有达到交际的目的。为了避免这一类的错误，在翻译课的第一堂课上，我们首先要求学生学会计算原文词数，估计自己所需要的翻译时间，然后计算出自己的翻译价格。如果翻译的文章没有达到交际的目的，原因是译者费了九牛二虎之力把文章翻译出来了，但是，读者看不懂译文内容或者说勉强能够看懂，客户不能接受这样的译文，拒绝支付酬金。这类错误举不胜举。在我们翻译教学中，需要教授学生学会选择题材来进行翻译，学会选择自己能够胜任的题材进行翻译，同时也要学会拒绝自己不能胜任的翻译委托。这样的回绝需要一定的策略，既不能让客户知道自己不能胜任这项翻译委托，又要让顾客觉得今后还可以继续委托你翻译新的文章。

同时，我们在组织翻译教学过程中，要尽量将翻译题材广泛化，在一学年或一学期的翻译教学课堂上，学生涉及的翻译题材越多，那么，学生的视野也就越广阔。对翻译教师来讲，这是一项巨大的挑战，因为要教好一个翻译题材，老师必须掌握这个题材以及题材所涉及的专业术语、文化背景和知识领域。笔者曾经翻译过汽车维修培训手册。在翻译这份上千页的手册之前，首先要成为汽车工程师，然后才有可能将这份手册翻译得有质量保证。老师应该将已经做过的各种题材的翻译案例拿到课堂上来与学生一起探讨翻译问题，既实用，又实际。如果翻译课的老师自己都没有在社会上从事过翻译实践，那么，他所教授的翻译课，不是空洞化，就是理论化，要么就是与社会实际情况完全脱节的，从书本到书本。学生对翻译课缺乏兴趣或者来上课只是为了应付考试，拿个成绩完成学业，毕业之后根本就想不起来翻译课学了些什么有用的东西。这是组织翻译教学最忌讳与需要避免的。只有在课堂上让学生尽可能多涉猎各种题材的文章，学生毕业之后才能够从事实际翻译工作。

第二类错误是在语言方面的。语言错误有两方面，一是阅读原文的语言（外语）的能力不够，二是使用目的语（中文）进行表达的能力不够。由于学生在翻译过程中，经常在语言方面犯错误，这些错误渐渐就会影响翻译课或改变翻译课的性质，迫使翻译课的老师不是在上翻译课，而是在上外语课或语文课，因为学生在语言方面所犯的错误太多，翻译老师不得不讲解语法，词汇以及正确的、恰当的专业术语或者中文表达方式。比如下面这个例子，是一名学生的原创译文。

音乐厅的设计已经转变为一个坚固、鲜明、高雅及合理的建筑。整体设计综合了音乐厅、大厅、文化产品销售区以及各类活动的询问处。音乐厅内也可以设置有着河流景观的餐厅及酒吧。这个建筑物是一个指标，一个城市的象征，同时也是一个特别符合经济效益的建设。坐落于花园正中央的音乐厅，在河面上映出明亮又透明的倒影，结合了户外的圆形剧场及河流。对于 T 城市而言，音乐厅成为一个清晰明了、价格合理、强而有力的典范。

如果不看原文，单从这段中文译文来看的话，我们根本不知道作者要说什么。但是我们阅读原文的话，就会发现，原来原文的主题思想非常明确，只是译者没能够领悟到原文的中心思想，因此，也就没有能够用恰当的中文表达出来。其次，中译文在遣词造句方面也犯了很多错误，最主要的错误是词语的前后搭配不一致或根本就是不能搭配在一起，如："设置……餐厅与酒吧。"

请看原文：

El proyecto del Music Hall ha cambiado. Un edificio compacto, claro, elegante y racional. Mezcla los programas de los auditorios con la sala de espera y con espacios destinados a comercios de artículos culturales y toda clase de información sobre las actividades. Se puede instalar un restaurante y un bar con vistas al río. El edificio es un hito, un símbolo de la ciudad. Una edificación especialmente económica y rentable. Un edificio claro y transparente que se refleje en el río, en medio de un jardín que une el anfiteatro exterior hacia el agua. Una forma clara, y contundente, económica y potente como punto de referencia para la ciudad T.

我们建议的译文：

关于音乐厅的概念已经改变了。我们设计的音乐厅具有结构紧凑、光线明亮、美观合理的特征。此外，我们还设计了等候大厅、商业区域，在这里可开设文化礼品商店以及发布音乐活动的信息处。面向河流的地方，可以设餐厅和酒吧。整个音乐厅就是一座地标，就是 T 市的象征。这是一座造价特别经济而且可以赢利的音乐厅，是一座明亮透彻的音乐大殿，倒映在清澈的河面上。音乐厅的周围是一片花园，它将通往音乐厅的台阶与河水连在一起了。整个音乐厅的建筑，线条明了，气势庄严，造价合理，功能齐全，完全可以成为 T 市的一座标志性建筑物。

比较两段译文会发现，第一篇译文在语言理解与表达方面都有很大的问题，造成译文艰涩难懂。大部分学生在初学翻译时大概都会犯类似的语言错误，最后把自己的母语表达能力都丢失了。这类语言错误是普遍的，是学生学习翻译的通病。

第三类错误是在文化方面的。由于中西之间的文化差异甚大，所以犯错误的概率就非常高。最常见的文化错误就是西班牙语的思维与表达方式表达中文，如：我吃饭在他家昨天。（原文表达方式是：comí en su casa ayer.）或者以中文思维方式用西班牙文来表达，如："Volveré a casa después de terminar la clase."（上完课以后我回家）而在西班牙以及拉丁美洲最常用的表达方法是："Iré a casa después de la clase."

由于本书主要探索从西班牙语翻译到中文的问题，因此，我们暂且不在这里讨论以中文思维方式表达西班牙文的各类错误。我们主要探讨以西班牙语的思维方式表达中文所犯的错误。理论上讲，一个以中文为母语的译者，具有根深蒂固的中文思维方式，怎么会有西文的思维方式。实际情况是：译者在阅读西文原文时，太受西文的表达方式的影响，在用中文进行表达的时候，往往摆脱不了西文思维方式与表达方式的影响，在译文中处处流露出西文的思维方式与表达方式，使得中译文艰涩难懂。套用原文的思维方式和表达方式是初学翻译的学生最常见的错误。所以，在我们翻译教学中，既要求学生掌握翻译的各项策略，以解决翻译上的各种问题与困难，更要求学生在译文过程中，摆脱原文思维方式和表达方式的影响，这就要求翻译课的老师一定要掌握两种语言所涉及的两种截然不同的文化——中西文化。

第四类错误是在知识方面的。这类错误是所有译者，无论是初入翻译职场的新手还是久经沙场的、经验丰富的高级职业都可能犯的错误，因为知识无穷。再高级的职业翻译也不会拥有百科全书式的知识。所以，遇到每一个新题材的文章，都要首先努力学习掌握新知识。可以这么说，做翻译，做到老，学到老，一日不学新知识，马上就会从翻译的巅峰状态跌下来。

二、纠正翻译错误的策略

既然知道在翻译过程中会犯这样或者那样的错误，那么，在翻译教学中就需要指导学生如何避免犯这些错误或者说在犯了错误之后，知道如何去纠正它，避免重复犯同样的错误。所以说，翻译教学的主要任务之一就是在课堂上为学生讲解翻译错误，为什么会犯这些翻译错误，如何去纠正这些错误，今后如何避免类似的错误。经过一学年的学习，相信学生会从所有讲解过的错误中学会如何翻出一篇能够达到交际目的、为大部分读者所接受的中译文。

纠正翻译错误的策略，笔者认为，有以下几种可供参考。

1. 如果是在阅读原文理解方面的错误而导致译文表达上的错误，可以指导学生多阅读西文报刊文章（而不是西文文学小说）。由于网络的便利，无论在西班牙、拉美还是在中国，随时都可以看到一两天之内的报刊文章。坚持阅读报刊是提高原文阅读理解的唯一办法。而且必须从头到尾一词都不漏地阅读并理解，如果有生词可查辞典，如果解决了生词之后还是不能理解，那么就请教老师或西班牙语区的友人。只有这样坚持才能全面提升原文阅读能力。

2. 如果是目的语（中文）表达方面犯错误，导致翻译文章无法达到交际的目的，那么，首先要求学生自己提出一个题目，然后撰写一篇 3000 字的作文，目的是为了弄清楚该学生是中文写作有问题，还是在翻译过程中无法摆脱原文的表达方式的影响。一个全新的题目，没有任何西班牙语原文的干扰，这时候，学生会比较自然地展现出他的写作才华或能力。如果他的中文作文是流畅、通顺的，而且有一定水平的，那么他在翻译文章时所犯的错误主要是无法摆脱原文的文风与表达方式的影响，缺乏文章转换与补救的能力。找到问题的症结，那么就可以对症下药，指导学生先对原文作一个中心思想的小结，不是翻译其思想，而是用中文来总结并表达其中心思想，然后，我们来看，该学生的书面中心思想的中文表达是否通顺、流畅。这样的练习，比较容易能够让学生摆脱原文的影响。如果说这个方法有效的话，那么接下来就是逐步扩大中文小节的内容，从中心思想，到原文完整内容。最后，我们来看，学生直接用中文来表达原文的各方面的词句和段落与原文之间还有多少差距，如果说没有明显的差距的话，那么，学生也就学会了在翻译过程中间如何不受原文的干扰。要明确告诉学生，中西文之间的翻译，实际上是思想与内容的对等，而非表达方式的对等，更不是词汇的对等。由于中西两种语言在各个方面存在着巨大的差异，所以，中西语言是无法对等的，但是两种语言所表达的内容与思想是可以对等的。

3. 在翻译教学过程中，如果学生犯的翻译错误是在文化方面的，对原文所涉及的文化习俗不够了解而误解其含义，导致翻译错误。那么，这类错误，如果是简单的，如熟人见面要亲吻脸颊和握手等差异造成的，在课堂上通过讲解可以解决；如果是深层次的文化理解错误导致翻译错误，那么，就要看翻译教师的教学经验与实际翻译的能力与水平。需要告诉学生，深层次的文化错误需要在社会实践中不断体验西语国家的文化才能从根本上掌握两国的文化差异。全世界西语国家有二十几个，每个国家的文化都不尽相同，我们不能用西班牙的西语文化套用到墨西哥的西语文化上。下面举一个非常简单的例子来说明什么是翻译上的文化错误而非语言错误。这是西班牙电话公司的一则广告语：

Telefónica

Estés donde estés, estamos cerca de tí.[1]

从翻译角度来看，在这句广告语里，带有文化特色的词是："tí" 以及以该词为主轴的单数第二人称变位的动词 "estés"。绝大多数初学翻译的学生或翻译职场的新手都会很自然地、连想也不想地把 "tí" 翻译成 "你"：

无论你走到哪里，我们始终伴你行。

或者更加诗意化一些：

天涯海角任你游，电话公司伴你行！

如果我们从深层次去理解西班牙文化的话，那么，我们会发现，西班牙文化中用 "您" 一词，具有陌生、疏远的意思，绝无尊重的含义，是对初次见面或陌生人常用的一个词。而 "你" 一词在西班牙具有亲近与亲和的文化效应，而电话公司

---

[1] TELEFONICA 是西班牙电话有限公司的商标。自 2010 年起，以 MOVISTAR 商标做市场宣传。

对尚未认识的顾客就使用"你"字，说白了，就是为了赚你口袋里的钱，跟你套近乎。而中国文化的"你"，恰好相反，对长者、客户，无论是新老客户，首先都要表示尊重，才能赢得信赖，最后才能赢得客户。如果一上来就直呼其名，用没有任何尊重含义的"你"字，有悖社会与商业常理。所以，我们将"ti"译成"您"，或许更符合国人的文化习惯，有突出尊重的意思。所以这个广告语变成：

　　无论您走到哪里，我们始终伴您行。

　　或者更加诗意化一些：

　　天涯海角任您游，电话公司伴您行！

　　一词之差，却包含着两种文化的巨大差异。洞察到这类差异，才能避免在翻译中犯文化错误。高级职业翻译的功底就在这些细微的方面体现出来。在培养高级职业翻译的翻译课堂上，这是翻译教师需要传授给学生的文化知识。

　　4. 如果学生的翻译错误是在知识层面的，那么，老师需要讲解译文所涉及的知识。但是讲解的方法不是老师先讲解，学生做记录，而是让学生先去查百科全书或者从网络上查找原文所涉及的知识，弄不懂，可以带到课堂上提问，先让懂的学生来讲解，目的是为了让其他那些还没有理解、未掌握该知识的同学有一个压力和鞭策，最后才由老师做总结。一般对原文的知识解释，总是在开始进行该文章的翻译之前，作为一种指导，即翻译步骤的指导。其次，需要培养学生对各行各业的知识的兴趣，开展知识竞赛与知识测验是两个行之有效的方法。笔者在上翻译课的时候，每周都会准备 10 到 15 道知识题让学生在 10 分钟内答完。如果懂的，不用一分钟就答对，如果不懂或者不知道，再想也想不出来。这样做的目的就是培养学生对知识的兴趣。比如下面一个知识题：

以汽油为燃料的汽车，它发动的时候，第一个动力是来自汽油还是来自电？

出这题目是为了引起学生对汽车行业的知识的兴趣，说不定哪一天就会遇到来自汽车制造公司的文章要进行翻译。一周 10 个行业的知识题，一学期 18 周，一学年 36 周，正好 360 行的知识都涉及了，至少也可以说是个"全才"。这正是高级职业翻译所需要具备的一种特质：行行都不精，但是行行都要通。

综合上述四点，我们就可看到，我们在组织翻译教学的重点就在于，培养学生的语言能力，目的语的表达能力，文章的转换能力，理解、掌握与运用原文与译文之间的文化差异的能力以及广泛涉及各个知识领域的能力与兴趣，再加上对本地翻译市场的动态进行全面的介绍。如果我们的翻译教学的目标能够达到这几点要求，那么，这样的翻译课所培养出来的学生，在他们走出大学校门之后，就一定能够马上投入到翻译市场上从事职业翻译工作。

第五节　经贸和科技翻译教学

经贸翻译的范围包括与企业间经贸往来有关的书信、产品信息等文章的翻译，但不包括商业和经济合同的翻译，它们属于法律和行政翻译的范畴。而科技翻译的范畴则是所有与当今科技发展有关的科研文章。经贸和科技翻译的特点是：题材专业性强，需要语言与文化之外的知识；需要掌握原文所涉及的专业术语以及专业术语的含义；需要掌握原文每段内容之间的逻辑关系及其专业的表达方式；需要掌握与原文有关的相关专业文章和信息；需要有能力撰写流畅、易懂的经贸或科技文章。

有了这五项我们的翻译教学目标也就清楚了，那就是培养学生具备这些能力，使学生足以应对经贸和科技文章翻译过程中出现的任何问题。最终能够成为某一两个专业领域的行家，从而保证翻译的文章都具有同行业的专业水平与质量。

为了培养学生的上述五项能力，我们在组织经贸和科技翻译教学的时候，首先需要在题材与原文材料的选择上下功夫，提供给学生做翻译的素材必须是真实的、完整的。如果手头缺乏原文素材，请参照本书附录所提供的原文材料。其次，需要让学生清楚地看到，我们所处的时代是网络与信息时代，各国在科技信息、知识信息的交流日益增多，这就是为什么今天的科技文章的翻译量日益增多的原因所在；同时，随着全球化的日益深化，各国间的经贸往来愈来愈频繁，经贸题材的文章翻译也明显地与日俱增。两者加起来，占整个翻译市场总量的

70%。具备经贸和科技翻译的综合能力是进入职业翻译市场的必要条件。

组织经贸和科技翻译教学的方法必须是启发与创造性的，启发学生的兴趣。

将一个班的学生按三个人一组分开：第一个学生扮演客户的角色，第二个学生担任译者的角色，第三个学生担任译文读者的角色。扮演客户的学生代表其他两名同学向老师提出，希望负责哪一篇原文的翻译工作（原文和题材已经由教师事先选定）。扮演客户的学生必须对译者交代清楚译文目的是什么，为谁翻译，翻译报酬是多少，什么时候交翻译稿件。把这些问题都弄清楚并写在本子上之后，扮演译者的学生就可以开始翻译该文章，这个时候，这名译者可能会遇到这个或者那个问题，比如，寻找有关信息和文章，寻找专业术语，学习专业术语所涉及的知识。这些准备工作都做完之后，开始撰写译文的时候，可能需要征求其他两名同学的意见，如何表达才是最恰当的。等到译文做出来之后，交给扮演译文读者的学生，他首先需要以一个专业人士的眼光来阅读这篇译文，然后，要找出其中的错误和毛病。如果他什么也看不出来，认为做得很好，那么，接下来要做的是将译文交给自己最信得过的不懂西班牙语的朋友或同学（不能是同班或同年级的同学），如自己的父母或兄弟姐妹。他们阅读该篇译文之后一定会有一个反馈信息。根据这个信息，这一组学生对译文进行最后的修订、成稿。

然后，做成演示文稿（PPT），在课堂上，由扮演译者的学生向全班同学展示该译文，逐句逐段地进行讨论，接受其他同学的审视与批评。如果一个班有15名学生的话，正好分成五组，也就是说，同一篇原文，有五篇译文可供课上讨论、讲解，老师始终扮演着组织、指导、评判译文是否合格的角色。最后，老师提出自己的译文供学生评判，与学生做过的译文进行比较，从而让学生理解为什么要这样翻译，经过这样的比较、分析与讲解，教给学生掌握解决各种翻译问题的方法。最后不要忘了，每组学生都必须对自己的译文提出稿酬要求，在课堂上可以进行比较，看谁的译文既有水平与质量又有市场竞争力。提出稿酬的方式就是开出一张像样、合格的发票。

完成一篇译文之后，三名学生轮换角色，做下一篇文章的翻译实践。课时安排，可根据自己的教学计划，可长可短。比如一周四节翻译课，头两节讲解原文的背景以及所涉及的知识，然后向学生交代清楚要做什么，让学生课外去作这篇文章的翻译实践。第三、四节翻译课，学生将自己做的翻译文章拿到课堂上来展示，全班进行讨论，最后在老师的指导下，完成译文定稿。一般一周一篇文章，一学期18周的话，教师需要准备18篇题材不同、专业不同的文章供学生做翻译实践。每篇文章的篇幅长短，最好控制在2到3页的A4纸。

我们相信，经过一学期或一学年这样的学习、实践，学生对经贸和科技文章的翻译一定会有全新的认识与体验，结果将会是：要么爱上翻译这一行业，希望全心、全力投入进去，成为一名名副其实的高级职业翻译（家）；要么知难而退，从此不再梦想成为翻译职业市场的佼佼者。这就是笔者在这个领域从事教学工作多年之后所看到的结果。翻译教学的结果不是最后人人都能够或者希望成为具有竞争力的高级职业翻译，而是通过翻译教学，让学生认识到并且清楚地看到与体验到翻译的艰难过程，以及翻译职业的特点。

第六节　法律及行政管理翻译教学

随着中西各行各业的人员互相往来的日益频繁，法律及行政管理文件的翻译量明显地增长，因为商业往来需要签署合同，在金融、投资等行业都需要使用本国语言而绝非英文，尤其是在西班牙及拉美等英文还不是那么普及的国家中，更加凸显出中西法律翻译的必要性与重要性。另外，人员往来，需要租房或买房、旅游人士需要各类保险文件、上学或留学需要出生证明或学历证明等。随着中西两国政府之间以及民间往来越来越频繁，难免会涉及一些法律和行政管理文件需要翻译，同时，中西企业以及人员之间也难免会发生跨国法律纠纷，需要在法庭上见。因此，法律和行政管理翻译在中西翻译市场具有一定成长潜力，也是这个市场未来成长的一个趋势。把握时机，将自己锻炼成为这个行业的竞争者与佼佼者，是青年中西高级职业翻译的发展方向。

法律及行政管理翻译主要包括各类商业、经贸合同，财务文件，工作合同，房屋租赁和买卖合同；政府出台的各类法规和规章制度文件（供投资企业了解当地相关法规之用）；法律部门的各类诉讼、判决书等文件；各类公证书和证书，如毕业证书，成绩单，获奖证书，出生证明，已婚、离婚或单身证明，无犯罪记录证明，亲属关系证明等。

法律及行政管理翻译的特点是：

需要掌握西班牙语原文特有的文章结构以及严谨的文章格

式；需要了解并掌握中西法律专业术语；需要了解并掌握中西法律体系知识以及相关的文献；能够运用中文的法律术语及法律文章格式进行翻译。

根据这些特点，我们的翻译教学目标就是培养学生具备中西法律知识，掌握最基本的中西法律术语，能够撰写比较流畅、符合中文法律文件格式的译文。只有达到与中文律师同等的写作能力与水平，才能够保证翻译的文章具有同行业的专业水平与质量。

我们建议教学方法如下：首先，供课堂使用的原文素材必须是真实的，原汁原味的；其次，文章内容与知识应该是由易到难，从最熟悉的文章，如住房合同、出生证明到最陌生的文章，如法庭诉讼文件；最后，原文的篇幅从简短（三五行句子）到冗长完整的法规文章或诉讼文件。另外，在法律题材选择上，也是先易后难，比如，先选择商业法方面的文章或合同进行翻译实践，然后逐步过渡到民事法方面的文件，最后才是刑事法方面的文件。在行政管理方面，先选择出生、单身或学位证明之类的文件，然后过渡到政府出台的各类政策法规文件，最后才选择政府之间的协议文本等。

组织课堂教学的方法可以参照经贸、科技翻译教学的方法。建议的课时为30至50学时。学生通过接触、翻译各类文件，一方面可以了解并掌握中西法律专业术语；另一方面，通过讲解每篇原文所涉及的法律知识，学生可以学习并掌握中西法律体系的许多不同之处；最后，老师在课堂上，指导学生做翻译实践之前，需要讲解原文涉及的西班牙法律体系与知识，同时，指导学生查找与原文相关的中西法律文献。学会掌握中西法律文献及其信息，是今后从事法律、行政管理翻译所需的。

至于今后的发展就看每个学生对法律的兴趣了，有的可能会认为非常枯燥，有的则会认为非常有挑战性。所以，在法律翻译这一行内就靠学生自己了。只要自己喜欢，坚持不懈地努力钻研，是能够在中西法律翻译方面有所作为的。

关于文学翻译教学，因为不是本书探讨的重点，所以就不在这里作阐述了。目前国内各个大学的西中翻译课程大部分为文学翻译课程，而且已经非常成熟，所以本书就不再赘述了。

最后，对文学翻译教学所采用的题材提出几点看法：文学翻译的题材不仅仅是文学作品，艺术评论翻译也是文学翻译范畴内的一个组成部分。艺术评论包括绘画、雕塑作品的评论，摄影作品的评论，建筑艺术的评论等。在这里选择一篇摄影艺术评论作为例证，可供文学翻译教学参考。这篇评论文章是放置在摄影展览的入口处，给参观者一个文字介绍。作者是西班牙一位非常著名的艺术评论家。请看原文：

Cuando mis ojos observan la obra de Laura Rosell ven niños y niñas de todo el mundo en blanco y negro. Quizás este matiz en sí mismo, ya es bastante significativo. Hablamos de niños marginados de nuestro Planeta, seres vivos inocentes que sobreviven sin tener acceso a todo aquello que da luz y color a la vida de otras personas. El hambre está presente en el sentir de unas imágenes que no pueden esconder los vientres hinchados por falta de alimento. La sensación de impotencia que se siente al ver la huella de la pobreza pisando los derechos de los niños sin piedad: niños que duermen en la calle, niños que trabajan, criaturas desnudas, que no pueden proteger su alma del frío de la injusticia, niños encarcelados por sus vestidos, rostros tapados, cabezas escondidas.

La obra de Laura "un mundo de niños" nos deja escuchar en la lejanía el murmullo amorfo de estudiantes que sólo aprenden a repetir las lecciones que los convertirán en adultos conformistas, autómatas, esclavos... Otros, en cambio tienen la suerte de conocer la libertad que les proporciona salir de la escuela a lomos de un caballo.

Hay madres que han dejado de ser niñas al tener sus hijos. Hay hijos que pican piedras hasta que les sangran las manos. Hay niños que venden carne y otros que son vendidos. El mensaje de Laura se lee entre líneas. Nos hace descubrir la cara y la cruz de estos niños a través de una sabia armonía: todos los pequeños llevan su propia cruza, pero si nos fijamos en sus caras no hay ninguno que escatime una sonrisa. Son criaturas tiernas, llenas de bondad, que saben amar, que tienen esperanza.

La paciencia, la empatía, la tolerancia, la humildad son algunas de las virtudes que practican estos niños. Me pregunto si, aún estaríamos a tiempo de aprender alguna cosa de ellas, nosotros que, somos adultos, ricos, educados y poderosos.

参考译文：

当我的眼睛停留在拉·罗塞尔作品上的时候，我看到的是一群散居在世界各地的孩子们。也许黑白画面的本身就非常意味深长。这是全世界生活在人间边缘的一群儿童，一群无知无辜的生灵。他们挣扎着活在这个地球上，没法跟其他人一样，拥有可以让他们的生活充满光明和色彩的资源。因营养不良而鼓起的肚皮没法掩盖画面上所表现的那种饥饿。看到贫穷在无情地吞噬着孩子们的生存权利，我们感到多么的无奈。睡大街的孩子，做苦工的童工，衣不遮体的儿童，他们无力抗拒世态炎凉对他们灵魂的打击，他们缩在衣裤里，蒙着脸，低着头。

罗塞尔的《儿童世界》，让我们听到了从远方传来的学生们的读书声。他们只会重复教科书上的课文，然后长大成人，循规蹈矩，自负而听话……另外一些学生，有幸认识自由。自由让他们仿佛骑在马背上，走出学校，奔向世界。

有的母亲自从有了自己的孩子才不再做姑娘；有的孩子玩耍石子，直到手上弄出血来才不玩下去；有的孩子在出卖身体，有的孩子则被拐卖。在字里行间，我们可以感受到摄影家罗塞尔所要展示的信息。不需要用智慧的眼光来看这些孩子的内心世界。他们都拥有自己的世界。如果我们仔细观察的话，每个孩子的脸上都蕴含着微笑。多么可爱的孩子，善良天真，懂得爱护，憧憬未来。

耐心、富有同情心、宽容以及谦虚是这些孩子所具有的美德。我扪心自问：我们这些富裕而有教养的成人，手中握有大权，是否还来得及向这些儿童学习他们身上的一些美德?!

译者拿到这篇文章的时候，是不太可能看到摄影作品的，只能从原文的内容与思想上去想象摄影作品的精彩之处。所以，文学艺术翻译的特点是凭借形象思维进行再创造。我们的文学翻译教学就是要培养学生文学作品或艺术评论再创造的能力。附录中收集了有关西班牙著名建筑大师高迪的建筑艺术欣赏的评论文章，供翻译教学参考。

后　记

　　在写完本书之际，觉得还有很多课题可以探讨研究，最后，理了一下头绪，才清醒过来，西中翻译研究尚处在诞生、建立的过程中，有着许多课题值得探索与研究。本书只是一个初步尝试，从实用翻译理论框架出发，以东西方远程语言翻译为前提，从翻译过程、语言、跨文化、知识、翻译种类、双语词典、职业道德和翻译市场运作等八个方面全面阐述了笔者的观点和建议。尽管如此，尚有许多涉及西中翻译的问题未能探讨，比如，西中翻译的经验性研究、西中翻译的质量与数量方面的探索与研究等。我们最终需要建立的是以中文为目的语的东西方远程语言的翻译理论体系，从而补充与完善目前由西方翻译学者和研究者建立起来的、以欧洲语言为目的语的翻译理论体系。东西方远程语言的翻译理论体系不只是涉及英汉翻译的方方面面，而是涉及欧洲主要语言与中文之间的翻译，包括法语、德语、西班牙语、意大利语和葡萄牙语。21世纪，随着中国在国际舞台上的地位不断提升、在全球范围内的影响力不断增强，相信，以中文为目的语的东西方远程语言的翻译理论体系在全世界翻译理论界一定会占有一席之地。

　　众所周知，翻译在经贸、科技、医学、司法以及文学艺术等各方面的国际交流中扮演着重要角色。我们必须承认，今天的英中翻译已经达到极高的水准。有人认为，中英之间的语言与文化有许多近似之处，所以翻译质量与水准就比较高。其实，不是语言与文化问题，而是中西翻译方面太缺乏理论研究。提高西中翻译的质量与水平的前提就是提升这个领域的翻译理论研究。我们需要对翻译教学内容与教学质量进行研究，以实用的翻译研究与理论来指导翻译教学，从而培养出高水平的中西翻译人才；我们需要运用翻译理论界通用的目的论（威密尔）和等效论（金隄）来指导我们的翻译实践，克服中西语言与文化之间的巨大差异。衡量西中翻译的质量可以有许多标准，但是，根据笔者在中西翻译行业十多年的实践经验，最重要的、不能忽略的标准只有两个，一是以目的论为依据，检验中译文是否达到了交际的目的；二是以等效论为依据，检验中译文在读者脑海里所产生的效果是否与原文在其读者脑海中所产生的效果相一致或者相近似。

最后，笔者可以肯定地说，西中翻译以及中西翻译，无论是在中国，还是在西班牙和拉美国家，都有着广泛的发展前景和市场。因为中西两种语言加在一起，无论是使用这两种语言的国家数还是人口数，都是在这个地球上占绝对多数的。进一步提升中西和西中翻译的质量与水平是当务之急，也是摆在所有从事这个行业的中西学者、专家和教授面前的课题，是一项巨大的挑战，我们依然任重而道远。

2011 年 7 月 30 日定稿

2018 年 7 月 22 日修改于巴塞罗那美石林书屋

参考书目

关于参考书目的一点看法：

时下打开任何一部学术著作，我们都会看到，在书的最后一部分都有一大长串的参考书目清单。笔者认为，在翻译这个行业内，如果读者希望成为西中高级职业翻译，那么，只需要认认真真地阅读两到三本有关翻译的书就足够了。从这个理念出发，我们在几百本有关翻译理论、实践与教学的参考书中，为读者列出笔者认为值得阅读的 10 本中文翻译参考书，再加上另外 10 本由英文或西班牙文写成的翻译参考书。

1. 中文著作：

（1）陈安定．翻译精要．台北：台湾商务印书馆，1998.

（2）方梦之．翻译新论与实践．青岛：青岛出版社，1999.

（3）胡功泽．翻译理论的演变与发展．台北：书林出版社，1994.

（4）金隄．等效翻译探索．台北：书林出版社，1998.

（5）金惠康．跨文化交际翻译．北京：中国对外翻译出版公司，2002.

（6）金莉华．翻译学．台北：三明书局，1995.

（7）刘宓庆．当代翻译理论．台北：书林出版社，1993.

（8）许钧. 当代英国翻译理论. 武汉：湖北教育出版社，2001.

（9）许渊冲. 文学翻译谈. 台北：书林出版社，1998.

（10）周仪，罗平. 翻译与批评. 武汉：湖北教育出版社，1999.

2. 英文和西班牙文著作：

（1）GARCÍA YEBRA V. Teoría y Práctica de Traducción. Madrid: Editorial Gredos, 1982.

（2）HATIM B, MASON I. Discourse and the translator. London: Pearson Longman Editions, 1990.

（3）HOLMES J. Translated Papers in Literary Translation and Translation Studies. Amsterdam: Editions Rodopi B.V., 1988.

（4）HUARTADO ALBIR A. Traducción y Traductología. Madrid: Ediciones Cátedra, 2001.

（5）KUSSMAUL P. Tranning the Translator. Amsterdam: John Benjamins Publishing Company, 1995.

（6）NEWMARK P. A Text book of translation. London: Prentice Hall Inc., 1988.

（7）NIDA EA. The Nature of Dynamic Equivalence in Translation. Basel: International Federation of Translators, 1977.

（8）ORTEGA Y GASSET J. Miseria y Esplendor. Barcelona: Lafarga Fundación,1996.

（9）VYGOTSKY L. Thought and Language. Cambridge: MIT Press, 1986.

（10）WILLSS W. The science of Translation: Problems and Methods. Tübingen: Gunter Narr Verlag Publisher, 1982.

可供翻译教学参考使用的西班牙文原文

I. 商业经贸题材方面的原文

每一个题材选择五篇原文作为翻译教学与实践的参考。

原文一：

这是一份最基本的商业会谈纪要。

ACTA DE REUNIÓN
MK CHEMICAL INDUSTRY CORPORATION – PLA S.A.

Asistentes: Delegación de MKCIC

Pla S.A. Sr. Javier González

La visita se enmarca dentro de los contactos que las dos compañías han mantenido con anterioridad y que han mostrado unos intereses comunes en el desarrollo de la potenciación de un *website* en internet, el Chemical & Pla World Site (CPWS), tal y como se expone en la Carta de Intenciones, firmada en Hongkong el 12 de diciembre de 2010 por el Sr. Tang y el Sr. José Rodríguez.

Informe de la reunión:

La reunión comenzó con una demostración de las capacidades

que la Plataforma desarrollada por Pla S.A., PLA.COM, puede ofrecer. Esta demostración, realizada por el Sr. José Rodríguez, consistió en enseñar la facilidad de uso, tanto para los administradores de la plataforma como para los usuarios de la misma.

Una vez acabada la demostración, y después de algunas preguntas sobre Pla S.A., el Sr. Tang tomó la palabra para agradecer la demostración y para mostrar si interés en la colaboración entre las dos partes. Explicó que todos los representantes de su delegación estaban interesados en el desarrollo de una Plataforma conjunta entre MKCIC y Pla S.A. y que él proponía empezar a dar pasos concretos en este sentido.

Así, y con el fin de empezar a caminar, propuso la creación de un equipo conjunto de trabajo que fuese el encargado de concretar y cuantificar el desarrollo, tanto técnico como económico, del proyecto. Y propuso una doble etapa para lograr el objetivo final del CPWS:

1a. Fase:

• Compartir recursos existentes.

• Conectar las dos Plataformas (Pla i MKHIC).

• Cuantificar los costes de integración.

• Establecer un plan de trabajo, definiendo contenidos y tiempos de actuación.

2a. Fase:

• Crear una empresa mixta y la plataforma conjunta.

En este punto el Sr. Javier González expuso su total acuerdo en empezar a trabajar juntos con el objetivo de desarrollar el proyecto CPWS, y explico que Pla S.A. está negociando con la Unión Europea la concesión de una ayuda para desarrollar el proyecto. Este aspecto hacía aconsejable que en la reunión que se estaba realizando se tenía que analizar y aceptar el objetivo final del CPWS, punto que fue expuesto por el Sr. José Rodríguez y que fue aprobado.

Al mismo tiempo, y a propuesta del Sr. González, se acepta que la primera fase debería estar finalizada en un plazo máximo de tres meses.

Como consecuencia de lo anteriormente expuesto, y con la voluntad de ajustarse a los plazos descritos, se decidió nombrar un responsable por delegación para que comiencen a definir las bases y objetivos descritos en la primera fase de colaboración. El responsable designado es el Sr. Tang, por parte de MKCIC, y el Sr. Juan Roviera por parte de Pla S.A.

También se acordó que Hispa-China Consultants seguiría actuando de portavoz de Pla en China para seguir manteniendo unas relaciones fluidas y operativas entre las dos entidades.

Y, para que quede constancia a todos los efectos, se firma el presente documento en la ciudad S. a 30 de enero de 2011, por parte de Pla S.A. el Sr. Javier González y por parte de MKCIC el Sr. Tang.

原文二:

这是一篇纯商业，具有市场宣传性质的文章，从中可以看到，再商业化的文章，也会包含一定的知识信息。

PRESENTACIÓN DE UN PROYECTO DE DISEÑO DE SPA

1. CONCEPTOS DEL DISEÑO

Este SPA es una lujosa y exclusiva puerta que se abre entre las tradiciones milenarias de salud y relax chino y la tecnología europea y su forma de entender el concepto "tomar las aguas". Por un lado, hemos respetado el concepto de privacidad, espacios cerrados, individuales, las atenciones VIP del complejo y por otro hemos intentado introducir las grandes extensiones de agua con chorros, bancos de hidromasaje, camas de agua, cascadas y la espectacularidad del espacio entendido como unidad, no como división en espacios más pequeños que han de ser utilizados de forma individual.

No pretendemos introducir un estilo de tematización específico (como hacer un spa romano, por ejemplo) sino intentar que el estilo encaje con la arquitectura del resto de las instalaciones, pero llevándonos sus colores, sus símbolos, sus pictogramas y su filosofía a nuestro terreno. Convertimos sus pictogramas en relieves en una pared de roca, la tortuga negra que incita al sueño, la tranquilidad y la meditación y el dragón verde, suave y protector, símbolo de la primavera, y la sabiduría, pasan a formar parte de un mural o a decorar puertas de cristal blanco de apertura automática para dar paso a los vestuarios.

Del mismo modo, en toda la zona de aguas, el hecho de que los dos circuitos de hidroterapia sean simétricos, uno al lado del otro y con acuarios en medio, simboliza la unidad de la corriente de agua, que no cesa y no se divide desde su nacimiento, en las cascadas entre roca, hasta el final de la piscina de uso común, manteniendo así la unidad del chi e impidiendo que sus beneficios se dividan y se debiliten, según las teorías del Feng-Shui.

2. ELEMENTOS SINGULARES

La puerta circular tallada en la zona de aguas, como separación entre los circuitos spa separados por sexos y la piscina de uso común. Ocupa la altura total del espacio y la anchura total de las dos escaleras. Cuenta con un panel a cada lado, también de suelo a techo, tallado por ambas caras con molduras y símbolos, para evitar miradas indiscretas desde la piscina y proteger la intimidad de las piscinas de relax.

El muro del canal de agua que conduce desde los pozos fríos del circuito spa hasta desembocar en una pequeña cascada en la piscina de uso común. Este muro, que tiene una altura de 2m en toda su longitud, va tematizado con ruina y grabados, y su función es preservar la intimidad de las piscinas de relax y el camino hacia la piscina común, sin llegar hasta el techo, para favorecer la ventilación de la sala y el flujo de la luz natural.

Los dos acuarios que se han dispuesto como separación entre los circuitos spa de hombres y mujeres. Si lo que se pretende es que no se vean en absoluto los unos a los otros, se puede dividir este acuario en dos mitades con un fondo opaco impreso con un fondo marino, de tal forma que los peces puedan pasar de un lado a otro por arriba, una vez superado el nivel de la vista pero el público sólo ve la mitad del 1,5m de anchura del acuario. Si esta idea saliera adelante, habría que prever el sistema de mantenimiento de estos acuarios, con posibilidades desde la planta inferior, el local técnico. **Los jacuzzis privados.** Se han dispuesto dos en cada vestuario, al lado de la zona chill out. Será una de las zonas más exclusivas del spa, previa reserva de hora, donde se podrá tomar bebida, cada recinto tendrá una tematización exclusiva y se podrá cerrar con paneles para una privacidad total. Estos jacuzzis los he planteado de poliéster, no de obra, por su reducido tamaño, y no van excavados en el suelo, sino sobre una plataforma escalonada.

3. ITINERARIO Y DESCRIPCIÓN

Bajando del lobby encontramos de frente el mostrador de recepción. A la derecha el acceso al área reservada a mujeres y al lado del mostrador, el acceso al área de hombres. En ambas áreas se han dispuesto los mismos elementos, excepto uno, el bar privado para hombres, que describiremos llegado el momento.

Comenzamos por el área reservada a las mujeres

Una doble puerta de madera policromada con símbolos femeninos nos adentra en un mundo prohibido para los hombres. A la izquierda, una puerta apertura automática, de cristal blanco con símbolos femeninos tallados nos introduce en el gran vestuario decorado en tonos verdes, que contribuyen a la tranquilidad del ambiente. Como se ve en la planta adjunta hemos separado físicamente la zona de duchas, lavabos y WC de la zona de taquillas para dar mayor intimidad a las actividades que así lo requieren. Junto a la zona de taquillas está la puerta de acceso al bar de uso común, que será de apertura codificada, con llave o tarjeta para que sólo las mujeres puedan volver a su vestuario. Más allá de la zona de taquillas, encontramos un pequeño chill out (ejemplo de la zona de relax de las mujeres en la foto) para aquellas que no quieran el bullicio del bar común mientras toman una copa. Frente a este, dos jacuzzis privados con tematización exclusiva con simbología de textos e imágenes talladas y policromadas referente a las mujeres, a la fertilidad, y a la salud.

En la zona de duchas y lavabos (ejemplo de acabados en la imagen inferior) está previsto también añadir un tocador con un gran mostrador corrido y espejos para que resulte más cómodo a las usuarias del spa arreglarse tras los tratamientos.

Por el corredor tras la puerta de cristal blanco se llega a la zona de aguas y a las salas de relax. Desde el mismo corredor ya se apreciará el murmullo de las cascadas y la belleza del acuario que sirve de escenario, fondo y separación de la zona destinada a los varones. En la esquina de la izquierda hemos ubicado tres salas privadas de relax, y frente a ellas, una sala VIP de relax con un lateral tematizado con relieves y tallas que sirve de trasera a la gran cascada del circuito de hidroterapia (spa circuito).

Pasamos al circuito de hidroterapia, que se compone de una piscina de chorros a diferentes alturas, con una gran cascada entre rocas, y 4 camas de agua. Hay amplitud suficiente 4m × 16m de larga como para que estén 30 mujeres sin estar incómodas. A través de los acuarios se puede entrever parte del circuito de hidroterapia masculino. Hemos propuesto dos grandes acuarios en esta zona como elemento separador porque aparte de la belleza y la calma que transmiten, no crean una barrera opaca entre ambas zonas, convirtiendo el espacio en un tubo infinito hasta la piscina de uso común. La envergadura de los acuarios y un correcto diseño de su interior, conseguirán que este efecto de percibir sin ver ni ser visto sea el ideal para no restar intimidad al ambiente.

Reposando en la cabecera de las camas de hidromasaje, encontramos un muro de bloque en ruinas de 3 metros de altura con un trabajo de bajorrelieves, y al otro lado los 2 pozos fríos separados por un muro con un aljibe y un caño de agua que inicia aquí su recorrido para acabarlo en la piscina de uso común. Este muro y este aljibe, saldrán desde 2 metros, el salto es hasta 1,5 metros que será la altura del canal que sigue separando las dos zonas de aguas por sexos, hasta desembocar en un último salto de agua a 1m y de ahí a la piscina común. Lo último que vemos en la zona de aguas es la piscina de relax con su pequeña cascada en el rellano entre la zona superior y la piscina común.

Para terminar con la zona de mujeres, tenemos el baño turco y la terma, con sus propias duchas de refresco, todo en una habitación cuya pared exterior será profusamente decorada con murales que contrasten con la sobriedad del acero, el cristal y el gresite de los acuarios y las piscinas. A su lado, un pequeño wc por si fuera necesario. Por último, antes de volver a vestuarios, pasamos por la ducha escocesa y la de aceites esenciales, y ya estamos listas para volver a vestuarios.

Área reservada a los hombres

Una doble puerta de madera policromada con símbolos

masculinos nos adentra en un mundo prohibido para las mujeres. Frente a nosotros, una puerta apertura automática, de cristal blanco con símbolos masculinos tallados nos introduce en la zona de relax, y a la izquierda, vemos la zona de taquillas. Según el briefing entregado por el cliente, prevemos que el spa, sobre todo el área destinada a los hombres, va a hacer las veces en más de una ocasión de sala de reuniones, zona de relax y lugar de cierre de negocios. Por este motivo, el vestuario de hombres dispone de dos zonas separadas por la puerta de cristal, la zona de vestuario y la zona de estar. En la zona de estar (parte superior de la imagen) encontramos 4 salas de relax de diferentes tamaños (ejemplo en la foto) y una sala vip de gran tamaño. Una cortina de cuentas de cristal hace de distribuidor en el centro de este pasillo, y hemos dispuesto una entrada de servicio a esta zona, por si las personalidades que puedan reunirse en este lugar necesitan discreción en sus movimientos. Dejamos atrás las salas de relax y encontramos a la derecha el bar privado para hombres con su zona chill out, el acceso al bar de uso común, los dos jacuzzis privados con tematización exclusiva con murales y tallas en relieve referentes al universo masculino.

Frente a la zona chill out están el baño turco y la terma, con sus correspondientes duchas de refresco al otro lado de una pared profusamente decorada con murales pintados y piezas de artesanía.

Al otro lado de la puerta de cristal, encontramos la zona de taquillas para cambiarse y la zona de aguas, con las duchas, lavabos y WC. A través de un corredor de líneas sobrias (ejemplo en la foto) llegamos a otra puerta de cristal de apertura automática y a la zona de aguas. La primera puerta a la derecha nos conduce a una sala de relax muy especial. Es una sala VIP con su propio jacuzzi privado. Frente a ella un pequeño WC y en la pared del fondo, la ducha escocesa y la ducha de aceites esenciales que tomaremos al finalizar el recorrido.

Entramos de lleno en el circuito de hidroterapia, que sigue la misma distribución que el femenino, con la excepción de que la terma y el baño turco, en el caso de los varones, están situados en la zona de relax, porque son un lugar de reunión y tertulia.

Planta inferior, área de tratamientos en cabina y gimnasio

Bajando desde la recepción, encontramos una amplia zona de estar con otro acuario como el de la zona de aguas, que además hace de distribuidor de las diferentes clases de tratamientos. Podemos dividir esta planta sótano en tres tipos de tratamientos: los secos, los húmedos y los de belleza. Esta zona, al estar dividida en cabinas es mixta.

Por tratamientos secos entendemos las salas de masaje, situadas en la larga pared de la izquierda. En total son 8 salas individuales y 3 dobles. Frente a ellas un WC. También forma parte de estos tratamientos en seco la sala común de relax, con tumbonas calientes y luz negra, situada en la parte superior, de la que adjuntamos una vista simulada.

Como tratamientos en húmedo entendemos todas las bañeras de hidromasaje y las duchas vichy para tratamientos de barros etc. Hemos agrupado todas estas cabinas en el módulo central de la siguiente forma: 4 bañeras individuales de hidromasaje con diferentes formas, una bañera de hidromasaje VIP para dos personas (ver foto adjunta de ejemplo) y 4 cabinas de ducha vichy.

Los tratamientos de belleza serán las cabinas agrupadas en la pared de la derecha, separadas por un pequeño lavabo y con salita de espera independiente para poder desvestirse con privacidad.

Adjuntamos ejemplo de una de estas salas destinadas a tratamientos estéticos (peeling, depilaciones, manicuras, maquillajes, etc.).

Volviendo a las escaleras que bajan desde recepción, a nuestra derecha queda una puerta de cristal que conduce a un pasillo amplio. En él encontramos la peluquería de señoras y de caballeros, y al fondo la entrada al gimnasio. Frente a ellos, los vestuarios del personal del centro, de acceso restringido y con una entrada secundaria desde la zona de servicio del almacén y los locales técnicos, especialmente diseñada para el personal de mantenimiento. No hemos hecho una distribución del espacio en el gimnasio porque no somos especialistas, pero los 550 m^2 de espacio disponible creemos que dan para varias salas de trabajo.

Por último, el local técnico se ha previsto a continuación de la excavación de la piscina principal y bajo el circuito de hidroterapia (o circuito spa) porque ganamos mucho espacio y visibilidad en la planta superior si las piscinas van empotradas en el suelo, y como en esta zona no hay columnas que nos lo impidan, y encima tenemos la única fuente de luz natural del local, hemos pensado que sería la mejor zona para ubicar las piscinas, y como estas sólo van excavadas a 1,20 de profundidad, en la planta inferior no perdemos demasiada altura, lo que la hace ideal para ubicar el local técnico. Además, está en el extremo opuesto a la sala de relax, con lo que los posibles ruidos de la sala de máquinas quedan muy lejos.

Con esto queda descrito el recorrido por el spa.

4. CRITERIOS DE COLOR

Hemos optado por tres gamas, tal como se aprecia en la planta general. Por un lado, el amarillo para las zonas reservadas a los hombres, color que representa el equilibrio, en su variante dorada simboliza riqueza (estamos en un spa muy exclusivo y lujoso) lo usaba el emperador.

Para las zonas destinadas en exclusiva a las mujeres, hemos preferido los verdes, que además de significar prosperidad, es un color que transmite serenidad y tranquilidad.

Para las zonas comunes (recepción y cabinas de tratamiento) y la zona de la piscina común, elegimos el azul, color del agua, la quietud, la hibernación y el invierno.

Hemos intentado evitar el blanco, color que simboliza la muerte, pero, de todos modos, los colores aplicados a paredes y salas de tratamientos han de ser claros, para dar sensación de amplitud y limpieza.

5. TEXTURAS Y CALIDADES

En todo momento se habla de lujo y exclusividad. Pensamos intervenir no sólo en la zona de aguas sino con murales y bajorrelieves sobre muros de textura de roca en zonas como las salas VIP de relax, los jacuzzis privados y la recepción. Además de varios murales pintados, de los que también adjuntamos ejemplo gráfico.

En ningún caso pensamos en cenefas sencillas o roca de segunda calidad. Las rocas han de ser espectaculares, muy texturadas, porque no hay grandes alturas y el usuario va a poder tocarlas y estar cerca de ellas, y los grabados y los murales han de transmitir un mensaje, simbólico o explícito, como el caso de la puerta circular que llevará los pictogramas de masculino y femenino, para que cada uno sepa qué dirección ha de tomar al volver a su parte del circuito spa.

原文三：

这是一篇供旅游者阅读的关于城市介绍的文章。

LA CIUDAD DE BARCELONA[1]

Introducción

Barcelona, la mayor capital del Mediterráneo, ha entrado en el tercer milenio de su historia con el aspecto y la energía de una joven debutante. Los Juegos Olímpicos de 1992 le permitieron iniciar un espectacular proceso de transformación global, ahora completado con las reformas necesarias para la celebración del Fórum universal de cultura 2004. La ciudad ha conservado sus atractivos tradicionales -su carácter abierto y acogedor, un clima soleado y con una temperatura media de 17 grados, sus tesoros arquitectónicos, su entorno natural-. Y paralelamente, se ha modernizado por completo, mediante la construcción de un nuevo aeropuerto, de nuevas áreas residenciales, de recreo y de servicios, la renovación de su sistema de comunicaciones, y también con un remozado general de su rostro urbano, especialmente visible en la fachada marítima, ahora recuperada.

---

[1] 本文引自 MOIX L. Barcelona: La ciudad de Gaudí. Barcelona. Triangle postals S.L., 2007:3.

El visitante que vuelva a la ciudad tras una larga ausencia descubrirá una Barcelona distinta y mejor. Este libro refleja su historia y, sobre todo, su brillante presente, con una colección de imágenes que describen al detalle la renovada Barcelona.

La ciudad de Barcelona en la historia

Los colonos romanos fundaron Barcino hace más de dos mil años. Eligieron para esta ciudad un enclave arenoso de la costa nororiental ibérica, situado entre las desembocaduras de dos ríos -el Llobregat y el Besós- y protegido por la sierra de Collserola. La posición estratégica de aquel primer asentamiento -sus comunicaciones fluviales y terrestres con el interior, su puerto marítimo, también sus murallas- era ya la de una capital. La suavidad del clima y la abundancia de recursos naturales hicieron el resto. Barcelona se convirtió, con el paso de los años, en la capital de Cataluña. Y, más tarde, en puerta europea de España y en principal puerto mediterráneo.

Tras su nacimiento -romano- y su pujante juventud -medieval y mediterránea-, Barcelona alcanzó su momento de madurez y acomodamiento a mediados del siglo XIX. Fue entonces cuando acometió la revolución industrial y consolidó su posición como la ciudad española de mayor vocación y sintonía europeas. La transformación que vivió Barcelona en aquellos años fue total. Vio caer sus murallas, expandió su estructura urbana con el trazado del Eixample, reconvirtió su estructura económica dándole un claro acento industrial, rebrotó culturalmente con la Renaixenza, y sembró sus tierras para la esplendorosa cosecha del Modernismo, recogida en los primeros años del siglo XX. Fue probablemente esta cosecha la que fijaría la más característica imagen de la ciudad, aquella que con más fuerza ha venido a impresionar el recuerdo de cuantos la visitaron durante aquella época.

En el último tramo del siglo pasado, Barcelona se aupó, con la transformación motivada por los Juegos Olímpicos de 1992, de la madurez hasta los contornos de la Excelencia. Abierta más que nunca al mar, convertida en modelo de moderna organización urbana, cultural y económicamente consolidada, y engalanada por artistas y arquitectos locales e internacionales, Barcelona subrayó su condición de ciudad referencia. Una referencia que fue catalana, luego mediterránea, más tarde europea y, ahora, es global.

原文四：

这是一篇建筑艺术评论文章，通过翻译可以极大提升译者的中文写作水平。

INTRODUCCIÓN A LA ARQUITECTURA DE GAUDÍ [①]

Hay en torno a Gaudí una niebla de misterio. Probablemente, el primer círculo que obstaculiza el acceso a su obra es la misteriosidad intrínseca de todo genio y, en última instancia, de todo espíritu humano. Agravado el caso por el hecho, reconocido, de que Gaudí

---

① 本文引自 CIRLOT J E. Gaudí: Introducción a su arquitectura. Barcelona. Triangle postals S.L., 2001:2.

deseó crear una zona de silencio en torno a su persona, mientras, en la medida que mantenía ese hermetismo -o sea, aniquilación de sus valores vitales- deba expresión y simbolización a sus estados anímicos y a su tremendo poder mental. Gaudí, pese a la cercanía en el tiempo, surge ante nosotros aureolado con los mágicos prestigios de lo que Jung denominara personalidad mana: es el sabio, el doctor iluminado-rasgo que lo aproxima a Ramon Llull, otro misterioso catalán, perdido éste en las distintas nieblas del siglo XIII es el artista cuya superioridad no sólo dimana de unas posibilidades intelectuales y espirituales, sino que brota, por así decirlo, de una transformación total y conjunta de lo que hizo y de lo que fue. Pero el segundo círculo del misterio se debe a su época. Efectivamente, aunque esté próxima, fue mejor una culminación del largo proceso iniciado con el surgir del cristianismo y el arte anterior al románico, que un inicio de nuestro tiempo. Y esto a pesar de que la obra de Gaudí, como auténtica creación genial, es decir, que genera, nos dio las bases, las premoniciones para todo un nuevo arte, en morfología y patbos. Pero una cosa son estas formas surgidas en el seno de su obra y otra muy distinta es el conjunto de esa misma obra como expresión de un tiempo. La cesura gravísima que separa la época modernista de la nuestra podría ser explicada por rasgos estilísticos, sociales y políticos. Esta última se hallaba en gestación en el siglo XIX y aparece indistinta en la obra de algunos pintores, en especial de Cézanne (1839-1906). Sólo diremos una cosa. La época modernista aún perteneció en gran medida al eclecticismo culterano de la segunda mitad del siglo XIX, basado en admitir la multiplicidad, la complejidad, la vejez en suma. En cambio, nuestra época nace de una exigencia de juventud, de una ruptura con el pasado, de la reconquista de una nueva sencillez, del rechazo mayor o menor de lo complejo. La mera contemplación de las obras de Gaudí, pese a los profundos nexos interiores y aparentes que las unen, pese a su expresividad de una época característica como pocas, pruebas esa multiplicidad y esa complejidad que nuestro sentimiento del mundo quiere rechazar.

Y decimos quiere porque en él coexiste, a pesar de todo, cierta yuxtaposición de elementos distintos y aun contrarios: funcionalismo y arquitectura orgánica, pintura abstracta e informalismo de materia, ascesis no figurativa y barroco surreal. Las diferencias perceptibles en la creación gaudiniana se deben, sin duda, a distintos factores perfectamente justificados: lugar de emplazamiento de las obras y respeto objetivo del arquitecto por peculiaridades y tradiciones técnicas locales. Así, se ha observado justamente que fuera de Cataluña no usó nunca esas bóvedas de ladrillos "a la catalana" que son un precedente de las actuales cáscaras. También se deben a los períodos distintos de la obra gaudiniana: mudejarismo en los primeros tiempos, morfología plástica en la gran época de la casa Milá, el Park Güell y la cripta de la iglesia de la colonia Guell. Pero, en conjunto, hay una intrínseca, y casi me atrevería a decir "sacra monstruosidad", en la variedad gaudiniana, que jamás hallaríamos, no sólo en un Gropius o en un Moore, sino ni siquiera en arquitectos y artistas a quienes se reconoce mayor capacidad de variación e incluso de contradicción, cual Frank Lloyd Wright o Picasso. Y es porque la diversidad de Gaudí no tiene orígenes meramente terrenos, meramente intelectuales o instintivos. El punto central del misterio de la personalidad de Gaudí reside precisamente en esa capacidad innata para descubrir, revelar, recrear un universo entero. Mejor que razones de su destino, que influencias de su educación, lo que debió aproximarle a Dios hasta convertirle en un místico, en un beato, debió de ser el vivo descubrimiento -compensado por su humildad profundísima- del factor divino que residía en su interior. Su misma capacidad portentosa de invención, asombrándole en el gozo, debió empujarle hacia Aquello con lo que se sentía emparentado hasta el fondo de todo su ser.

原文五：

这是一篇介绍葡萄酒庄园的文章。文章的用途是为已经拍摄好的葡萄酒庄园风光配上文字，即商业广告片的配音。所以，译文不能书面化，而是需要非常口语化。这里的所有地名、人名和酒名均已修改过。

PRESENTACIÓN DE NUESTROS VIÑEDOS

Bienvenidos a nuestra casa. Con ocasión de este nuevo milenio, quisiera proponeros un breve recorrido por nuestros viñedos, por la bodega y también por nuestra historia. Os invitamos a conocer el origen y el desarrollo de nuestra empresa desde su creación en 1865.

En estos viñedos, que producían ya famosos vinos tintos en tiempos de griegos y romanos, comenzó a cultivar la viña la familia MK, hace más de tres siglos.

Don Juan Pascual decidió construir esta bodega en 1865. Los vinos JP alcanzaron pronto un reconocimiento internacional, exportándose a todo el mundo y obteniendo premios y menciones honoríficas en Viena, Filadelfia y París. Así la bodega llegó a alcanzar, a principios del siglo XX, considerables dimensiones. Buen testimonio de ello fue la construcción de una gigantesca cuba de roble de 880.000 litros de capacidad, en el interior de la cual se celebró una recepción, con motivo de la visita a Bour de su majestad Louis XV.

El Rey, como reconocimiento al prestigio que ya entonces tenían nuestros vinos, concedió a Juan Pascual la medalla de Gran Cruz.

Lamentablemente en la guerra mundial, en el bombardeo de la bodega durante la Guerra, la cuba resultó destruida. Nuestro padre nunca pudo olvidar aquel día, cuando se encontró delante de los restos destrozados de aquella cuba gigantesca que significaba el esfuerzo, ahora profanado, de dos generaciones de la familia. Pero él tenía energía y personalidad para reconstruir la bodega, y volverla a convertir, bien apoyado por nuestra madre, en una de las primeras empresas vinícolas del mundo.

Desde que me casé, colaboré con él intensamente con gran satisfacción. Siempre le oí decir que el buen vino nace y se hace en casa.

A lo largo de los años hemos reunido una extensa propiedad vitícola de más de 5.000 hectáreas en las que cultivamos las mejores variedades de uva, tanto locales como internacionales.

En Pis se han aclimatado las nobles uvas tintas de Cabernet Sauvignon. En esta plantación, que fue feudo de los condes de

Andorra, se halla situado el histórico pago de Pla, donde se vendimia exclusivamente nuestro vino tinto más premiado: JP. Ahí viven Juan Pascual y su esposa que colabora activamente con él, y que le ha ayudado especialmente en los años de máxima expansión de la firma.

Muy cerca, se encuentra otro de nuestros viñedos legendarios: Babela, donde cultivamos las variedades Merlot, Pinot Noir y Chardonnay.

Algo más alejado de la costa se halla el viñedo de Donat, donde cultivamos las variedades tintas de Cabernet y Merlot. En medio de estas nobles viñas se levanta una bella ermita, de estilo románico primitivo, que data del siglo XII.

Un homenaje de la tierra a la historia. Desde 1900 hasta 2010, hemos conservado en nuestra cava un rincón especial para las Reservas Reales.

Finalmente, llegamos a los altos viñedos de zona superior. En el Pago de Frank cultivamos la variedad Sauvignon Blanco que produce uno de nuestros vinos blancos más elegantes.

Junto a este viñedo se extiende el pago de Taras, donde se cultiva la variedad Pinot Noir con la que elaboramos un tinto aterciopelado.

Nuestro prestigioso Luciada se elabora con doradas uvas de Chardonnay que cultivamos en el pago del mismo nombre, en un noble enclave de la historia europea. En nuestro medieval castillo de Luciana cazaron los reyes europeos más poderosos.

Muy cerca se halla el pago de Muralla, así llamado por la gran muralla construida en el siglo XI por los monjes pirenaicos y que se extiende majestuosa por la finca. En este pago nace uno de nuestros más cotizados vinos tintos: el "Gran Monje". Aquí, en excelentes suelos de piedra y de fina pizarra, cultivamos las variedades tintas tradicionales y antiguas cepas griegas que hemos ido recuperando desde 1884.

Durante todo el ciclo de floración y desarrollo de la uva, vigilamos celosamente nuestros viñedos. En un esfuerzo por recuperar las antiguas tradiciones vitícolas evitamos el uso de productos químicos; como, por ejemplo, herbicidas e insecticidas.

En todos nuestros pagos realizamos una vendimia manual y una cuidadosa selección de los racimos. En los demás viñedos se utilizan modernas máquinas vendimiadoras que permiten la recolección de las uvas en el momento óptimo de su madurez, incluso en las frescas primeras horas de la noche.

En la zona costera se encuentra la planta de recepción de vendimias, junto a las modernas instalaciones de elaboración y las cavas subterráneas de crianza: un conjunto que destaca entre los más modernos del mundo.

Desde la recepción de la vendimia hasta las silenciosas horas de su crianza, el vino sigue un largo y delicado proceso. Antes de pasar a las barricas de crianza, los vinos fermentan en cubas de acero inoxidable para asegurar una vinificación de la máxima calidad.

Nuestros técnicos seleccionan las maderas de roble más apropiadas de los bosques de Francia y de América. Miles de barricas se reponen cada año para garantizar la crianza del vino en roble nuevo. Más de 5 kilómetros de silenciosas, oscuras y frescas galerías subterráneas permiten que nuestros vinos lleguen a la botella en pleno esplendor vital para poder alcanzar, a lo largo de los años, el cénit de su personalidad.

Se ha dicho que Argentina es, por su especial situación geográfica, climática y cultural, marcada por la herencia de la viticultura latina, el "paraíso de la viticultura". En 1920 la familia JP adquirió sus propios viñedos en el Valle Central de los andes, una zona privilegiada que no conoció la devastación causada por la filoxera en todos los viñedos del mundo. El clima de nuestro fundo argentino, al pie de los volcanes andinos, ofrece condiciones excepcionales para el cultivo de las variedades nobles como el Cabernet Sauvignon y el Sauvignon Blanc.

Con los años, nuestras instalaciones se han ido ampliando, rodeadas hoy por un viñedo de 4.000 hectáreas. Juan Pascual se ocupa personalmente de la elaboración de estos vinos que se exportan a todos los grandes mercados internacionales.

Desde que Luisa Pascual fue a vivir a California en 1965, siempre había soñado en tener una bodega en esta famosa zona vinícola de los Estados Unidos. A mediados de los 70, con el apoyo de su padre inició la plantación de un viñedo, que bautizó Don Juan en su honor. Luisa seleccionó el Napa Valley para elaborar un Chardonnay y un Pinot Noir que reflejan el carácter de un pago excepcional de 33 hectáreas. Utilizando la elevada densidad de plantación que su hermano Juan introdujo en Andorra, la viña se plantó con 5.000 cepas por hectárea, más de cuatro veces el marco de plantación tradicional de California. "Nuestros rendimientos son muy bajos, pero así las uvas desarrollan aromas más intensos, mayor concentración y mejor equilibrio. Además, las cepas viven más años ¡y más felices!"

La bodega Luisa, construida al estilo de una masía pirináica, está situada en lo alto de una colina rodeada de viña. El pabellón de recepciones, decorado con antigüedades procedentes de la Rioja, incluye una cocina profesional y un espacioso comedor donde Luisa recibe a los amantes del vino de todo el mundo. "Desde el principio, este proyecto se concibió como una bodega de estilo tradicional, asentada en su propio pago vinícola, y dotada del mejor equipo para poder experimentar con las técnicas de vinificación que mejor expresen la personalidad de nuestra uva. Una propiedad de este tamaño nos permite un riguroso control de calidad. Trabajando íntimamente con el viñedo conseguimos elaborar unos vinos que reflejan el carácter extraordinario de nuestras cepas."

Además de elaborar vinos de alta calidad, la familia JP destila, añeja y embotella desde 1898 sus brandies que son también fruto de esta tradición histórica y cultural. El carácter inconfundible de los brandies JP proviene de los vinos que utilizan en su destilación, y especialmente, de la utilización de los tradicionales alambiques de cobre que son los únicos que permiten obtener los más nobles aguardientes. El destilado obtenido envejece en barricas de roble francés donde, tras una prolongada crianza adquiere su característico color ambarino y su intenso "bouquet" final.

Los destilados tienen en la Rioja una larga tradición que se remonta a los Reyes medievales.

Para elaborar vinos de calidad, que se distinguen por su personalidad, hay que realizar una seria tarea de investigación.

Nuestra firma se siente orgullosa de haber participado activamente en los cambios más positivos que han experimentado la Viticultura y la Enología en los últimos 50 años.

Esta labor de investigación va unida a una conciencia de preservación del medio ambiente, eliminando tratamientos de herbicidas y pesticidas, depurando las aguas residuales, colaborando en la protección de los bosques y protegiendo algunas especies animales en extinción.

Nuestra decidida labor de promoción de la cultura del vino nos ha llevado a crear nuestros famosos centros culturales donde se imparten cursos de enología y cata, reuniendo a los miles de socios que hoy integran el club JP; creando también nuestra fundación con su museo del vino; promoviendo los actos y las celebraciones de la Fiesta de la Vendimia de la Rioja y editando una interesante colección de publicaciones y vídeos. Y todo ello gracias al apoyo profesional de un formidable equipo humano que, practicando la cortesía y hospitalidad con los clientes y amigos que visitan nuestra casa, trabaja incansablemente en la creación y difusión de una obra bien hecha: nuestros vinos. Fruto de este trabajo son los triunfos obtenidos en tantas catas internacionales, como el otorgado en París a nuestro Gran Juan en 1950 por la revista Gault & Millau, repetido más tarde en Londres, frente a los más cotizados tintos bordeleses. Reconocimientos como el de 1959, en que la revista internacional Wine Spectator reconocía a Juan Pascual como el vino más apreciado entre sus lectores de todo el mundo. Sin olvidar el brandy JP que, en 1997, triunfó en Gran Bretaña, en una cata a ciegas, sobre los mejores cognacs y armagnacs del mundo.

Los vinos JP, renombrados y apreciados en más de 150 países del mundo, han merecido el reconocimiento internacional de instituciones y personalidades.

"Siento el recuerdo de los días pasados para siempre, y el de mis amigos y queridos familiares. Añoro los campos de viña por los que ya no podré caminar. Doy gracias a Dios por la vida que me ha dado con el deseo de que, todos juntos, podamos compartir un día la felicidad que Dios nos da en el cielo."

Estas fueron las palabras de despedida de Don Juan Pascual, un hombre que dedicó toda su vida a la elaboración de sus vinos. Y así, generación tras generación, la empresa ha sido transmitida de padres a hijos como una herencia y tradición familiar.

Por eso nos sentimos orgullosos de representar en todo el mundo la tradición inquieta, vigilante y activa: la vocación cultural del vino.

II. 科技题材方面的原文

这里选择的五篇文章，从专业术语与知识角度来看，是由易到难。通过这五篇文章，可以看到目前西中翻译市场上客户需要翻译的文章的基本特征。

原文一：

这是一篇讲色彩原理的实用性文章。在美容、化妆行业非常普遍。

CIRCULO CROMÁTICO
TEORÍA DEL COLOR

La teoría de los colores complementarios de la LEY DE NEWYTON la explica la llamada STELLA DI OSWALD que se muestra aquí arriba.

Un buen profesional del tinte no tendrá que olvidar estos principios si quiere predeterminar el resultado final de cada coloración.

A estos colores base se contraponen tres colores llamados complementarios, o sea, VERDE, VIOLETA y NARANJA.

La STELLA DI OSWALD permite, en efecto, reconocer los colores complementarios:

- El Rojo es complementario del VERDE, por tanto, anula el VERDE y viceversa.
- El AMARILLO es complementario del violeta, por tanto, anula el VIOLETA y viceversa.
- El AZUL es complementario del NARANJA. Por tanto, anula el NARANJA y viceversa.

En efecto, la LEY DE NEWTON dice que los colores complementarios y los colores fundamentales se anulan entre sí.

Los colores complementarios se llaman también secundarios porque se obtienen de la mezcla de los fundamentales.

VIOLETA=ROJO+AZUL

VERDE= AMARILLO+AZUL

NARANJA=AMARILLO+ROJO

Conocer bien estas leyes permite, al profesional del tinte,

obtener los mejores resultados.

Un cliente con fondo oscuro desea teñirse el pelo de rubio ceniza claro.

Se efectúa la decoloración y se obtiene un rubio muy amarillento.

Si aplicáramos directamente el color ceniza (componente AZUL) tendríamos:

AMARILLO+AZUL=VERDE

O un matiz VERDE que no gustaría.

Si por el contrario recordamos que el color complementario del VERDE es el ROJO añadiremos un poco de ROJO a la mezcla del tinte.

De esta forma, formaremos un matiz VIOLETA que hará aparecer el color ceniza en vez del VERDE.

原文二:

这是一篇介绍肉制品加工机器的文章。

PRE-MASAGE
"METAMIA"

Innovación constante

Tecnología de vanguardia

Calidad total

Excelencia en el servicio

Metamia presenta su máquina Blader, la combinación óptima para el tenderizado y premasaje de productos cárnicos cocidos, donde la textura, el tiempo total de masaje y el ligado intermuscular son de importancia capital.

La unidad de tenderización y premasaje Blader está compuesta por dos centros activos que interactúan con la carne, provocando un efecto sinérgico de tenderizado de las fibras musculares, así como aumentando los espacios libres interfibrilares, gracias al efecto estiramiento producido por el martillo sobre el músculo.

La Blader está equipada con un cabezal de tenderización por sables, el cual incrementa la superficie de extracción de las proteínas miofibrilares, lo que facilitará un óptimo ligado entre las diferentes piezas musculares.

Mediante la aplicación de impactos de presión sobre los músculos cárnicos se consigue una rotura del tejido muscular a nivel celular, lográndose la salida del líquido citoplasmático y liberando las proteínas miofibrilares, dando como resultado una extracción más rápida y eficaz, y la total relajación del músculo.

La Blader permite una importante reducción del tiempo total de proceso, y consecuentemente, un incremento de la productividad y rentabilidad de las máquinas de masaje, un aumento efectivo en el rendimiento de cocción, un mejor rendimiento en el lonjeado, una sustancial mejora en la textura de la carne y un mayor ligado intermuscular de los productos cárnicos.

El uso de la Blader en una línea de fabricación de productos cárnicos cocidos, mejora también la adaptación de los músculos durante el proceso continuo de embutición al vacío de músculo entero, aumentando sensiblemente la eficacia de dicho proceso y mejorando enormemente la apariencia interna y externa de los productos de baja inyección, con o sin fosfatos, destinados a líneas de lonjeado.

El funcionamiento de la Blader es totalmente hidráulico, para ofrecer máxima seguridad y fiabilidad; con dos cabezales independientes (de tenderizado y martilleado), para poder utilizar una sola de las funciones si se desea.

Posibilita la regulación del efecto de la presión en fuerza y en tiempo, con combinaciones de presión, velocidad de transporte de la carne, y número de ciclos regulables según intensidad deseada.

La Blader puede trabajar en modo Transporte, sin efectuar trabajo mecánico sobre la carne, en el caso de que un determinado producto no requiera premasaje.

Incorpora el diseño, robustez, simplicidad y la construcción Inteligente, que ya es tradicional en los equipos fabricados por Metamia.

Controlada por PLC, display táctil y componentes electrónicos de marcas líderes, con programa intuitivo y sencillo para el usuario, que controla todos los parámetros e indicadores de proceso. Limpieza y mantenimiento.

Totalmente accesible y visible en las zonas de producto y para la inspección, mantenimiento, limpieza y desinfección a nivel microbiológico.

Interior de la máquina de diseño higiénico, cerrado, completamente despejado y accesible a los diferentes componentes, para su fácil mantenimiento.

La Blader es fácilmente adaptable, en línea, a cualquier modelo de inyectora Movick de Metamia y está diseñada sobre ruedas para retirarla fácilmente de la línea de proceso durante la limpieza y desinfección de la planta.

Blader: La combinación perfecta para el tenderizado y premasaje de productos cárnicos de alta-media calidad.

Por calidad, por durabilidad, por servicio, por versatilidad y por rentabilidad.

Metalmia le ofrece pequeñas joyas de la mejor ingeniería capaces de desafiar los límites del tiempo. Metalmia, un mundo de innovación.

原文三：

这一篇有关港口概况介绍的文章，一篇涉及港湾工程与技术的文章。这里对文章所涉及的地名和港口名称做了修改。

EL PUERTO DE MEDITERRÁNEO

El Puerto de Mediterráneo ha experimentado durante los últimos 160 años tres grandes ampliaciones que lo han convertido en el puerto actual, una infraestructura básica para su entorno industrial y económico.

En el año 2002 se inició la cuarta ampliación del Puerto de Mediterráneo que duplicará el espacio portuario actual, alcanzando las 1.300 hectáreas, lo que le permitirá afrontar, desde una posición competitiva, las previsiones de crecimiento de tráfico y las exigencias del comercio internacional.

Las obras de remodelación emprendidas en los 90 en el puerto histórico consiguieron la integración urbanística del puerto en la ciudad. La apertura de la nueva bocana del puerto, la bocana Norte, permite el acceso directo a mar abierto a los barcos de pasaje y de recreo y delimita claramente el puerto comercial y el puerto ciudadano, separando tráficos, usos y actividades.

El Puerto del Mediterráneo ha realizado en los últimos años diversas actuaciones para optimizar los espacios disponibles dentro del perímetro portuario. La ampliación del muelle adosado, en su segunda fase de ejecución, permite disponer de nuevas superficies para el tráfico de cabotaje y de cruceros.

El puerto del siglo XXI necesita nuevos terrenos hacia los que expandirse para mantener su alto nivel de competitividad, ofreciendo instalaciones que garanticen el crecimiento futuro de sus clientes y se adapten a las necesidades presentes y futuras del transporte marítimo, la logística y la distribución.

El Área Delta I es la primera actuación ya finalizada de la ampliación del Puerto de Mediterráneo. En estas 90 hectáreas de terreno ganadas al mar se ubicarán las nuevas terminales de graneles líquidos.

BOCANA NORTE

La bocana Norte es navegable desde la primavera del 2004 y proporciona una mayor seguridad y fluidez del tránsito marítimo y una mejor renovación del agua de los muelles interiores.

Con la apertura de la bocana Norte, las embarcaciones deportivas y de recreo ancladas en el Puerto V y los ferrys pueden acceder rápidamente a mar abierto ahorrándose entre 40 y 70 minutos de recorrido desde los muelles interiores hasta alcanzar la bocana principal.

La nueva bocana tiene una anchura de 165 metros y 15 de calado lo que permite incluso el acceso de los grandes cruceros que atracan en las terminales internacionales del World Trade Center Mediterráneo.

El plan especial urbanístico de la Bocana Norte contempla, en las 8 hectáreas generadas por esta infraestructura, la construcción de un complejo hotelero, inmuebles para oficinas y servicios y un aparcamiento para 1.500 vehículos.

AMPLIACIÓN DEL MUELLE ADOSADO

La ampliación del muelle adosado se ha previsto en dos fases. En su primera fase se construyó una línea de atraque de 900 metros que generó una explanada de más de 16 hectáreas. En la segunda fase, esta explanada se prolongará con superficies adicionales a ambos lados.

El resultado será un muelle de 1.950 metros de línea de atraque y una superficie de 38 hectáreas donde se ubicarán diversas instalaciones destinadas al tráfico de cruceros con nuevas terminales para pasajeros, una terminal de cabotaje con las Islas caribeñas y una terminal polivalente.

El Puerto de Mediterráneo ha experimentado un espectacular crecimiento del tráfico de los cruceros turísticos convirtiéndose en el mayor puerto de cruceros del Mediterráneo, Europa y de Atlántico.

Actualmente, el puerto puede acoger simultáneamente 10 grandes cruceros.

ÁREA DELTA I

El Área Delta I permite la expansión de las terminales situadas en el muelle de inflamables que habían alcanzado su máxima fase de desarrollo, supliendo así la falta de espacio, una de las principales carencias en el actual perímetro portuario.

El desdoblamiento del muelle de inflamables consistió en la construcción de un escollerado y el posterior relleno de esa superficie ganada al mar: en total, 79 hectáreas donde se instalarán las nuevas terminales de graneles líquidos.

La puesta en funcionamiento de este proyecto adquiere especial relevancia ya que el tráfico de graneles líquidos está experimentando un sustancial aumento y la tendencia apunta a su consolidación en el Puerto de Barcelona.

DIQUES DE ABRIGO SUR Y ESTE

La ampliación del puerto del siglo XXI se inicia con la construcción del dique de abrigo Sur, que arranca de la margen izquierda del río Tor en su nueva desembocadura y avanza perpendicularmente a la costa 2.500 metros, girando luego en dirección Noreste, prolongándose hasta un total de 4.900 metros de longitud.

El dique de abrigo Este es una prolongación del actual y tiene una longitud de 2.770 metros. Ambos diques conforman una bocana de 800 metros de anchura que da entrada al puerto del futuro. Las medidas correctoras de costa suponen la creación de una playa junto a la nueva desembocadura del Río Tor que minimiza la erosión provocada por la construcción de los nuevos diques.

El tramo II del dique Sur comprende la construcción de un dique vertical mediante el fondeo de cajas de hormigón de grandes dimensiones situadas una junto a otra formando la escollera. Esta técnica implica un ahorro sustancial de tiempo respecto a otras técnicas de construcción y permitirá finalizar los nuevos diques de abrigo el año 2016.

El tramo I y III del Dique Sur y el Dique Este se construyen utilizando la técnica del dique en talud, mediante la acumulación de bloques de hormigón de hasta 60 toneladas apoyados en sucesivas capas de escollera.

TERMINAL DE CONTENEDORES EN ÁREA DE EXPANSIÓN

La construcción del dique de abrigo Sur permitirá la obtención de 600 hectáreas de terreno ganado al mar y que se destinará mayoritariamente, al tráfico de contenedores.

En esta área de expansión se construirá, en una primera fase, una terminal de contenedores. Ubicada en el muelle P, será operativa a partir del año 2010 y tendrá una superficie de entre 80 y 120 hectáreas y una capacidad para operar más de 2.000.000 de contenedores al año, incrementando significativamente el volumen de manipulación y la superficie de almacenamiento de contenedores del Puerto de Mediterráneo.

El tráfico de contenedores es el de mayor competencia del Mediterráneo, Europa y Atlántico y el de mayores expectativas de crecimiento. En el año 2007 transitaron por el Puerto de Mediterráneo cerca de 1.800.000 contenedores.

ZONA DE ACTIVIDADES LOGÍSTICAS (ZAL Mediterráneo)

La Zona de Actividades Logísticas (ZAL) se creó en 1991 en terrenos portuarios adyacentes al río Tor y ocupa una superficie de 87 hectáreas.

Más de 150 empresas operan en la ZAL Mediterráneo, pero la creciente demanda de espacio y el carácter estratégico de las operaciones logísticas han hecho necesario aumentar la superficie destinada a este tipo de actividades.

El desvío del río Torha permitido al Puerto de Mediterráneo, ampliar la Zona de Actividades Logísticas en 93 hectáreas. Así, el área logística portuaria ocupará un total de 280 hectáreas.

Las primeras naves industriales de la ZAL Mediterráneo, están operativas durante el año 2010.

CONEXIONES INTERMODALES

En el marco de la estrategia de ampliación del Puerto de Mediterráneo, las conexiones a todos los modos de transporte juegan un papel fundamental para aumentar la competitividad y su área de influencia.

El Puerto de Mediterráneo concentra la principal oferta logística de Europa. El futuro desarrollo e interconexión de las redes de transporte viario, aéreo y marítimo, con especial énfasis en el transporte por ferrocarril, consolidará la actual estrategia de implantar bases operativas en su área de influencia, como es el caso de las terminales marítimas de Zaragoza y Toulouse y el puerto seco de Madrid.

El Plan Director Ferroviario establece las bases para el desarrollo del ferrocarril en el ámbito portuario y su conexión con el ancho de vía europeo, a través de la red de alta velocidad. Actualmente, el Puerto de Mediterráneo dispone de 40 kilómetros de red ferroviaria que se incrementará sustancialmente con la construcción de 80 kilómetros de nuevas vías y la instalación de cinco nuevas terminales ferroviarias.

El Plan Director también establece la urbanización del entramado viario en la zona de expansión del puerto.

La construcción de nuevas infraestructuras de transporte multimodal garantiza la agilidad y rapidez en la entrada y salida de mercancías del recinto portuario y permite incrementar su área de influencia.

El Puerto de Mediterráneo se sitúa, así, en una posición competitiva frente a los grandes puertos de Europa.

原文四：
这是一份验血机的使用说明书，可以锻炼译者的耐心和毅力。

MANUAL DE USUARIO

INDICE

1. INTRODUCCIÓN

El programa de aplicación del fotómetro facilita la gestión, e impresión de los resultados obtenidos con el instrumento.

Permite realizar informes con los resultados de los análisis e introducir datos auxiliares de los pacientes.

Las opciones del programa son:

(1) Importar los resultados memorizados en el instrumento y almacenados en una base de datos.

(2) Introducir datos auxiliares de los pacientes, que se almacenan en una base de datos, y que están asociados a un código de paciente.

(3) Realizar e imprimir informes de resultados actuales e históricos (de sesiones de trabajo anteriores).

(4) Personalizar el idioma de la aplicación.

(5) Personalizar la impresión de los informes.

(6) Actualizar la versión del programa interno del fotómetro desde el ordenador.

(7) Realizar el control de calidad con gráficas de Levy-Jenny. Los datos se pueden introducir de una manera manual, o leyéndolos directamente del fotómetro.

2. COMUNICAR CON EL FOTÓMETRO

Con esta opción aparece la siguiente pantalla y permite realizar tres operaciones:

(1) Leer los resultados de concentración memorizados en el instrumento.

(2) Cambiar desde el ordenador el programa interno del fotómetro.

(3) Leer las concentraciones de control de calidad memorizadas en el instrumento.

El usuario debe seleccionar la opción correspondiente y luego pulsar el botón **Empezar.** A continuación aparece en la barra de progreso el estado actual de la transmisión.

• Con las opciones de lectura de los "resultados memorizados" y el de la lectura de las "concentraciones de control de calidad" , el programa lee los datos directamente del fotómetro. Una vez terminada la comunicación se muestra la pantalla con los resultados leídos. Los datos en el fotómetro automáticamente se eliminan.

• Con la opción de **cargar nuevo programa,** el fotómetro tiene que estar en el menú de **Cambio de programa**. Este proceso puede durar unos cuantos minutos. Una vez terminado el proceso debe pulsar la tecla de **Salir** en el fotómetro para reinicializar correctamente con la nueva versión.

ATENCIÓN

En caso de que hubiera un problema y el fotómetro no se encienda correctamente, se procede de la siguiente manera: apagar el fotómetro y volver a encenderlo con el botón de **PUMP** pulsado. De esta manera se entra directamente en el menú de **cambio de programa**. Volver s repetir el de transmisión de l programa.

Si aparece algún error en la comunicación, comprobar que el cable de comunicaciones está bien conectado tanto en el ordenador como en el fotómetro. Y comprobar en el menú **Opciones** que los parámetros de comunicaciones están bien configurados y corresponden con los del fotómetro.

3. DATOS DEL PACIENTE

Esta pantalla permite introducir los datos de los pacientes. La parte izquierda de la pantalla contiene la lista de pacientes existentes en la base de datos. En esta lista se relaciona el nombre del paciente con el código de paciente, introducido en el fotómetro en el momento de realizar la determinación de la muestra.

Se puede crear un paciente nuevo, borrar uno existente, o imprimir toda la lista de pacientes.

Los campos obligatorios a rellenar son: **Código Paciente, Nombre y Apellidos**.

4. RESULTADOS

Existen tres tipos de informes de resultados: por pacientes, por fecha y por técnicas. Según el tipo de informe la información aparece agrupada de una forma u otra. Aquí se muestra una pantalla de resultados clasificado por pacientes.

En la parte izquierda de la pantalla se muestran todos los pacientes, se puede elegir también visualizar todos los resultados o solo los actuales (acabados de leer del fotómetro).

Cuando se selecciona un paciente, en la derecha de la pantalla, se muestran todos los valores de concentración asociados a dicho paciente.

Al acabar de leer los datos del fotómetro los resultados se asocian directamente con los datos del paciente a través del código de paciente. Si por alguna razón el programa no pudiera asignar los resultados con los datos del paciente, (cuando los códigos no son iguales) aparecerían los resultados sin ningún nombre de paciente asociado. En este caso, se pueden asociar dichos resultados con los pacientes a través del botón **Asignar Paciente**. Una vez pulsado el botón aparece una lista que contiene los datos de los pacientes introducidos anteriormente, se puede seleccionar uno y los resultados seleccionados quedarán asignados a un paciente.

Pueden imprimirse todos los resultados o sólo los que se hayan seleccionado con el botón **Imprimir**.

Para ver como quedará el informe impreso antes de enviarlo a la impresora podemos pulsar el botón **Vista Previa**.

Aparece una pantalla como ésta:

Desde esta pantalla también se puede enviar el informe a la impresora. En el informe aparece una cabecera en cada página, que se puede configurar desde el menú de configuración del programa, luego aparecen los datos del paciente y, a continuación, los resultados seleccionados. Si tenemos seleccionados varios pacientes, tendremos un informe independiente para cada paciente.

5. RESULTADOS PREVECAL

Hay una opción de los resultados que es el PREVECAL. Está opción es el programa internacional de evaluación externa de calidad de los laboratorios. Está opción permite generar directamente los informes mensuales una vez realizados las medidas de los sueros control. Para indicar al fotómetro que está analizando una muestra control PREVECAL tiene que identificar dicha muestra con el código de paciente 9999, de esta manera, al leer los datos memorizados del fotómetro el programa rellena automáticamente la hoja del informe.

6. CONTROL DE CALIDAD

Dentro del menú de control de calidad hay dos opciones:

(1). Gestión de técnicas

(2). Datos de QC

Con este programa se puede introducir los resultados del control de dos maneras diferentes. Una manual y otra automática.

Con la primera se van introduciendo en la pantalla de "Datos de QC" los sueros control medidos con el fotómetro.

Con la segunda opción se leen los resultados medidos con la opción de "comunicaciones" y los datos que coincidan con el nombre de la técnica se rellenan automáticamente en una hoja.

6.1 Gestión de técnicas

Para realizar el control de calidad primero se tiene que introducir los datos de las técnicas que se quiera realizar el control.

La pantalla siguiente muestra la introducción de los datos.

Los campos a introducir son los siguientes:

<u>Nombre de la técnica</u>: Es el nombre de la técnica para realizar el control. En el modo automático este campo tiene que coincidir con el nombre introducido en el fotómetro.

<u>Unidades</u>: Las unidades en que se expresa los resultados de la técnica.

<u>Modo de cálculo</u>: manual o estadístico

<u>Manual</u>: La serie de resultados es aceptada si los resultados de los controles están entre los valores de concentración Mínima (C_{min}) y Máxima (C_{max}) respectivos. Estos valores son introducidos por el usuario. El valor medio y la desviación estándar se calculan, respectivamente, como $X_m = (C_{min} + C_{max})/2$ y $s = (C_{min} + C_{max})/2k$, donde k es el criterio de rechazo.

<u>Estadístico</u>: El usuario debe introducir el Número de serie. Este parámetro es el número de datos utilizados para realizar el análisis estadístico, es decir, para calcular la media (x_m) y la desviación estándar (s). Una serie de resultados es aceptada si los valores de los controles están dentro del intervalo $X_m \pm Ks$.

<u>Número de serie</u>: Número mínimo de series para poder realizar el análisis estadístico.

<u>Criterio de rechazo de la serie (k)</u>: Criterio que se usa para

rechazar una serie. Los valores aceptables son de 3 a 4 desviaciones estandar (s).

Nombre: Nombre que se introduce para identificar al control

Lote: Número de lote del control

Límites inferior y superior: valores de los límites inferior y superior de rechazo. Estos límites dependen del lote utilizado. Solamente se tienen que rellenar en el caso de usar el modo de cálculo manual.

Guardar: Sirve para memorizar cualquier cambio realizado en los parámetros de la técnica. Cualquier modificación realizada en el nombre o lote de los controles provocará que se empiece una hoja nueva en la pantalla de introducción de los datos.

Cancelar: Sirve para rechazar cualquier cambio introducido por error en los parámetros de las técnicas.

Nueva técnica: Sirve para introducir una técnica nueva.

Borrar técnica: Sirve para eliminar una técnica de la lista.

6.2 Datos de QC

Pantalla donde se introducen y muestran los resultados de las series.

El usuario puede seleccionar una técnica y la pantalla indica, para cada control, el nombre, el lote, el valor medio (X_m), la desviación estándar (s), el coeficiente de variación ($CV = 100 \, s \, / \, X_m$) y los límites de rechazo programados. Cada vez que se introduce un nuevo lote para uno de los controles, el programa automáticamente crea una nueva hoja de datos y los cálculos estadísticos se reinician para esta nueva hoja. Puede accederse a todas las hojas creadas a través de una lista desplegable. Una rejilla muestra, para cada serie realizada, la fecha, la concentración, el error absoluto y el error relativo, para cada control, y un aviso para las series rechazadas. El error absoluto se define como $E_{abs} = C - X_m$, donde C es la concentración del control medida, y el error relativo como $E_{rel} = E_{abs} / s$. El programa muestra el aviso de rechazar una serie cuando el resultado de uno de sus controles está fuera de los límites de rechazo programados.

Con los datos memorizados, el programa permite visualizar los correspondientes gráficos de Levey-Jennings. Cuando alguno de los controles de una serie sobrepasa los límites del intervalo $X_m \pm 2s$, el programa ejecuta automáticamente el algoritmo de Westgard y representa sus resultados sobre el gráfico de Levey-Jennings. Este algoritmo es un conjunto de reglas de control que se examinan secuencialmente. El resultado de este algoritmo no es utilizado por el programa para aceptar o rechazar una serie. Tan sólo se presenta como información gráfica y es el usuario el que debe decidir la aceptación o el rechazo de la serie. El programa sólo muestra el aviso de recha- zo basándose en el intervalo de rechazo escogido por el usuario. Las reglas de Westgard examinadas son:

- 13s: El resultado obtenido en uno de los controles sobrepasa los límites del intervalo Xm $\pm$ 3s.

- 22s: Los resultados obtenidos en dos controles sobrepasan, en un mismo sentido, los límites del intervalo Xm $\pm$ 2s. Puede tratarse de los dos controles de una misma serie o de un solo control en dos series consecutivas.

- R4s: La diferencia entre los resultados de dos controles de una misma serie o de un control en dos series consecutivas es superior a 4s.

- 41s: Se han obtenido cuatro resultados consecutivos que sobrepasan, en un mismo sentido, los límites del intervalo Xm ± 1s. Puede ocurrir con dos controles en dos series consecutivas o con un solo control en cuatro series consecutivas.

- 10Xm: Se han obtenido diez resultados consecutivos todos ellos mayores o bien todos ellos menores que la media. Puede ocurrir con dos controles en cinco series consecutivas o con un solo control en diez series consecutivas.

La pantalla de Control de Calidad contiene diversos botones que permiten al usuario realizar diferentes acciones:

Gráficas: Permite visualizar las gráficas de Levey-Jennings de la técnica seleccionada para cada control. Los cuadrados representan los valores obtenidos en las series aceptadas. Cuando se activa alguna regla del algoritmo de Westgard, los valores implicados se representan con círculos. En las series rechazadas, los valores están representados por un triángulo. En el eje de ordenadas se indica la concentración, normalizada a la desviación estándard (s). La línea horizontal central indica el número de la serie. Las líneas horizontales de trazos indican los múltiplos de la desviación estándard y las líneas continuas los límites de rechazo programados.

Eliminar: Permite eliminar las series seleccionadas en la rejilla.

Eliminar Hoja: Permite eliminar la hoja de resultados seleccionada.

Imprimir: Imprime un informe de Control de Calidad con los datos de la técnica. También puede imprimirse el gráfico de Levey-Jennings.

Editar: Permite modificar el criterio de rechazo y el modo de cálculo. Los cambios afectan únicamente a la hoja seleccionada.

Introducir Serie: Permite introducir series manualmente hasta un máximo de 30 series por hoja.

Nueva Hoja: Permite crear una nueva hoja cuando se superan las 30 series en la hoja actual. Si no se crea una nueva hoja, las series siguientes se sobreescriben sobre las más antiguas. De forma automática, se crea una nueva hoja al cambiar algún parámetro de la técnica.

7. OPCIONES

Esta es la pantalla de Opciones Configuración:

Desde esta pantalla se puede configurar varios aspectos del programa.

(1) Cambiar el idioma. Se debe tener en cuenta que para los idiomas orientales el windows tiene que estar en este idioma para poder visualizar correctamente los textos.

(2) La configuración del puerto serie se puede programar de dos formas. Una manual, y otra automática.

En la primera es el usuario que escoge el número de puerto, la velocidad de transmisión en baudios, y el número de terminal.

ATENCIÓN

El número de terminal tiene que coincidir con el mismo valor que está introduciendo en el fotómetro.

El botón de **Configuración automática** busca automáticamente la configuración del puerto serie para poder establecer la comunicación con el fotómetro.

El botón **Probar conexión**, permite comprobar si la transmisión es correcta. Aparece una ventana con la información del modelo y la versión del programa del fotómetro, cuando la conexión se realice con éxito.

Esta es la pantalla de Opciones **Informes**:

Con esta pantalla se podrán configurar algunos aspectos de la presentación de informes.

En la parte superior de la pantalla se selecciona si se quieren visualizar o no los valores de normalidad en la pantalla de resultados y en los informes. Los valores de normalidad son leídos, con el resto de los datos, del fotómetro.

Así mismo, se puede seleccionar si se quiere añadir o no la fecha de impresión en los informes. Esta fecha aparece en la parte superior de los informes.

Con esta pantalla también se pueden configurar la cabecera de los informes, pudiendo escribir hasta tres líneas de información y una imagen para que aparezca en cada una de las páginas. Cada línea de texto puede tener un formato diferente.

原文五：

这是一篇关于建设奥运帆船码头的投标书，含有非常专业的技术性术语，而且，译文责任重大，能否中标完全取决于译文的质量与风格。

CONCURSO DEL PROYECTO DE PUERTO DE VELA PARA JUEGOS OLÍMPICOS
DESCRIPCIÓN DEL PROYECTO

1. La Marina

Justificación y consideraciones generales de diseño

El criterio básico adoptado para la futura Marina de la ciudad T ha sido el de obtener una instalación náutica que, al estar llamada a ser la primera instalación moderna de este tipo en su país, ha de constituir el modelo para el futuro desarrollo del sector, acorde con el ritmo de crecimiento del país.

En este contexto esta Marina debía contener todos los elementos asociables a la infraestructura principal de modo que se obtuviese el más elevado nivel de servicio al usuario.

La propuesta finalmente obtenida, que describimos a continuación, contiene todos esos elementos y los conjuga de forma que su interrelación sea lo más sinérgica y potenciadora posible, sin olvidar el nivel de exigencia de calidad que se ha impuesto al diseño.

Así, la configuración de la Marina, en su estado definitivo, queda dotada de los siguientes elementos operativos principales:

√ Dársenas de amarre de embarcaciones, apoyadas en un muelle central con dotaciones y servicios complementarios y edificio de Capitanía del puerto.

√ Muelle- explanada de operación deportiva polivalente.

√ Club de Yates.

√ Muelle y Dársena de servicio Técnico y Comercial.

2. La marina post-olímpica

2.1 La infraestructura de abrigo

La disposición, contenida en la información del concurso, de los diques de abrigo complementario de la Marina en la zona Sur del muelle N-S, y la presencia en la dársena Este de embarcaciones durante la fase olímpica, constituye un serio impedimento para el desarrollo fluido de las competiciones olímpicas ya que el área de entrada/salida de las embarcaciones de competición está fuertemente constreñida por las infraestructuras citadas. El ejemplo de Barcelona, de funcionamiento excelente, en que la dársena interior era zona de operación exclusiva de los barcos de competición, quedando los barcos de jurados y demás de acompañamiento en la dársena exterior, nos ha aconsejado el estudiar para la ciudad T una solución diferente a la inicialmente prevista.

Por esta razón se ha sustituido el abrigo de la dársena Este por la prolongación hasta 500 metros del muelle Central (NE-SW), con lo que se obtiene una ventaja adicional de permitir el atraque de los más grandes barcos de crucero del mundo (300 m) en ese muelle, superando la limitación de la propuesta anterior.

Los análisis de oleaje efectuados en base a las informaciones de clima marítimo obtenidas han finalmente corroborado la opción elegida así como el dimensionado de detalle de los demás elementos de abrigo.

2.2 Dársenas de amarre de embarcaciones

El elemento básico de la marina se desarrolla a ambos lados del muelle N-S, pero con una estructura de acceso a los pantalanes unificada en el extremo sur del muelle, donde, al ubicarse también el edificio de Capitanía y Administración del Puerto se racionaliza la gestión del mismo.

El acceso a los pantalanes se realiza desde los dos diques de protección, que permiten el acceso de vehículos desde el nivel inferior del muelle hasta el inicio de cada pantalán, con lo que la comodidad de acceso de cargas y suministros a los barcos mejora notablemente.

2.3 Servicios y equipamientos de la zona de amarres

El muelle N-S, que en superficie se plantea como una amplia avenida equipada con elementos de restauración y pequeño comercio, presenta un nivel inferior en el que se desarrolla el acceso de vehículos a los pantalanes a través de un aparcamiento subterráneo de 200 plazas, como complemento de explotación, tanto para los usuarios de los puestos de amarre como para la zona de equipamiento de restauración y comercial de superficie.

El nivel del aparcamiento dispone, en su extremo sur, de dos amplias áreas para módulos de servicio y de almacenamiento básicos para la marina.

Como ya se ha dicho, en el extremo sur del muelle, éste queda rematado con una doble edificación para la Capitanía del Puerto y para la Estación Marítima del Ferry.

2.4 Muelle polivalente

El muelle W, que en la etapa olímpica será la explanada de

base de las embarcaciones de competición, se plantea para la etapa de explotación posterior a los Juegos como un muelle de vocación fundamentalmente deportiva y polivalente con los siguientes esquemas posibles de utilización:

2.4.1 Uso deportivo/ligero (Edificio escuela de vela)

La infraestructura deportiva para la vela ligera del muelle conserva toda su potencialidad ya que se mantiene la rampa N de botadura e izada de embarcaciones y se reinstalan en el extremo N del muelle dos de las grúas de izada de la etapa olímpica. Pero en cualquier momento, puede volverse a instalar la rampa lado Sur del muelle así como el resto de grúas de izada con lo que una competición de la envergadura de la olímpica o incluso mayor (Campeonato del Mundo) puede desarrollarse con plena efectividad con base en ese muelle.

El edificio que en la etapa olímpica da servicio a los atletas, situado en el extremo norte del muelle, puede asumir la función de Escuela de vela y base de apoyo para las competiciones. Esta función de escuela de vela es altamente recomendable como centro de formación de jóvenes deportistas y de popularización del deporte náutico. En el caso de Barcelona, el éxito popular post-olímpico de la escuela de vela ubicada en el Puerto Olímpico ha sido tan espectacular, que se está construyendo ya una nueva instalación en el nuevo puerto deportivo del Forum 2.004, con una capacidad doble de la anterior.

2.4.2 Uso como base o etapa en regatas de altura

El futuro primer Puerto Deportivo del país, debe estar dotado de infraestructura adecuada para constituirse en base de recepción de regatas de mega-yates en navegación de altura, para ello se da un uso de elemento de amarre para este tipo de grandes embarcaciones a los pilotes que en la etapa olímpica sirven de base de apoyo de la rampa de botadura Sur. A lo largo del borde sur del muelle se estableced una zona de amarre para más embarcaciones de este tipo con lo que la dotación del puerto es suficiente a los efectos de recepción de regatas mencionado.

Esta disposición es posible gracias a la solución de abrigo planteada en base a la prolongación del muelle NE-SW, que permite prescindir del contradique en esa parte de la Marina y liberar el uso de toda la zona Sur del Muelle.

2.4.3 Uso mixto

La disposición de la rampa de varada (Norte) y de la zona de atraque de mega-yates (Sur) en el muelle permite un uso mixto en todo momento con posibilidad de acogida simultánea de actividades deportivas de vela ligera en el entorno Norte del muelle y de regatas o navegantes de altura en el entorno Sur.

2.4.4 Zona de apoyo lúdico y comercial

La gran dimensión de la explanada del muelle aconseja prever para la misma un complemento de uso que evite la desertización urbana de la infraestructura en momentos de poca actividad deportiva.

La solución arquitectónica de Arcada, que flanquea al Este el muelle (zona de contenedores en servicio en la etapa olímpica), permite ubicar una zona de animación y comercial, dotada de aparcamiento subterráneo, que solventa el inconveniente citado.

2.5 El Club de Yates

La disposición de la infraestructura de acogida de grandes yates, exige la previsión de un edificio de apoyo para la acogida de tripulaciones y servicios especializados y adecuados a la especificidad de esos barcos.

El Club de Yates cumple esa función, aunque siempre puede temporalmente integrarse en una competición de vela ligera con la función que ese edificio tiene en la etapa olímpica.

2.6 El Área Técnica y Comercial

Una Marina de primera categoría como debe ser la de Qingdao, precisa necesariamente de instalaciones de servicio técnico y comercial integradas en ella.

En nuestro diseño esa área se ubica en la dársena exterior o Sur y está dimensionada para las siguientes potencialidades:

• Servicio a los barcos

El muelle-explanada de esta dársena, se proyecta como varadero (dry dock) de servicio de la marina, con infraestructura de acogida de medios de izada pesados (travel-lift).

• Infraestructura Comercial

La solución arquitectónica de Arcada, que, por coherencia urbanística, se mantiene también en el borde interior de esa explanada, permite ubicar en este caso, los talleres del varadero que, por el lado que da fachada a la calle posterior, se proyectan como tiendas y locales de servicio comercial náutico.

• Capacidad para eventos "Boat Show"

El conjunto de varadero, talleres y locales comerciales de esta área, junto al nuevo muelle adosado al dique rompeolas principal del puerto, que se construye en esta dársena y el apoyo del Centro de Convenciones del Muelle Central, constituyen un conjunto adecuado y suficiente para albergar eventos feriales tipo Boat Show", con lo que esta infraestructura puede constituirse en un eficaz motor de actividad económica y de lanzamiento de un nuevo sector industrial y comercial en China: el relacionado con la construcción, mantenimiento y explotación comercial de embarcaciones deportivas de todas las esloras.

3. La Marina en situación Olímpica

3.1 Explanada

La gran explanada del dique polivalente, es en la etapa olímpica la base terrestre de la competición. En ella se dispone tanto la varada en tierra de las embarcaciones como el área de contenedores en servicio.

La característica diferencial y fundamental en esta propuesta es la ausencia de usos náuticos en la dársena adyacente (futura dársena Este de la Marina), con lo que la operación diaria de entrada-salida de los barcos de competición se efectúa libremente en esa dársena sin constricciones de presencia de otras infraestructuras o zonas de amarre. Esto ha sido posible, como ya se ha dicho, gracias al cambio propuesto de modo de abrigo de dicha dársena en base a la prolongación a 500 metros del muelle principal.

3.1.1 Área de varada de embarcaciones de competición

Se ha efectuado una comprobación exhaustiva del posicionamiento en tierra de las embarcaciones ligeras de competición, proponiéndose una distribución matricial en que las clases se distribuyen de forma ordenada, perpendicularmente al muelle y los equipos en sentido paralelo. Esta distribución permite la máxima funcionalidad de operación y presenta una gran racionalidad de acceso a las rampas de botadura y a la anexa zona de contenedores.

3.1.2 Área de contenedores en servicio

Los contenedores de servicio a las embarcaciones, se ubican en la Arcada del muelle. Su ubicación permite la máxima proximidad a la zona de varada de las embarcaciones gracias a la disposición matricial de éstas ya indicada. La capacidad de estacionamiento es holgadamente suficiente para el número de equipos previsible para los Juegos.

3.2 Rampas de botadura

Se ha proyectado un sistema de rampas de botadura de embarcaciones en base a dos grandes rampas fijas situadas respectivamente cercanas a los extremos Norte y Sur del muelle. Este sistema supone la máxima eficacia en función de las experiencias de los Juegos de Barcelona y los últimos Campeonatos de Mundo de vela. Su capacidad de entrada/salida y su facilidad de operación es muy superior a la de las rampas previstas en la propuesta del Concurso.

La rampa del extremo Sur, se apoya en pilotes que, como ya se ha dicho, se utilizarán en la etapa de explotación post-olímpica de la Marina como elementos auxiliares de amarre de los mega-yates, pudiéndose reinstalar en el futuro esa misma rampa si el puerto acoge una competición de la importancia de la olímpica o superior. Este es uno de los ejemplos de propuesta de inversión sostenible en la que los elementos necesarios para la competición olímpica se adaptan económicamente a los usos futuros.

En la zona de muelle entre las dos rampas se ubican las grúas (cranes) de izada de embarcaciones, ese espacio está perimetralmente rodeado por pantalanes flotantes que configuran una zona de espera y amarre para las embarcaciones que racionaliza aún más la operación de salida/llegada de las regatas.

Parte de las grúas se reutilizan directamente en la etapa postolímpica, quedando dos de ellas en reserva para su montaje en caso de una futura competición de gran importancia, con lo que esa inversión tiene su máximo rendimiento.

3.3 Zona de medida

La particularidad de la operación diaria de comprobación de medidas de una selección de las embarcaciones que han participado en las regatas, aconseja la definición de una zona exclusiva de operación.

La rampa Sur dispone de una banda reservada para el acceso de estas embarcaciones y el pequeño tramo de muelle adyacente hacia el Sur, está dotado de una grúa para izado de las embarcaciones con quilla. La zona reservada se completa con un corredor exclusivo hasta el edificio de medición (Measurement Hall).

3.4 Dársena de amarre de embarcaciones

Como ya se ha comentado la dársena exterior del puerto (Sur), se propone para el amarre de las embarcaciones auxiliares de la competición: Jurados, salvamento, remolque, VIPs y Prensa.

La amplitud de esa dársena y su distribución permite la

diferenciación de tres zonas en función de los requerimientos de seguridad durante los Juegos:

- Dos zonas separadas en el muelle Central, una para barcos relacionados directamente con la competición y otra para VIPs.
- Una zona en el muelle del Área Técnica para las embarcaciones de la Prensa.

3.5 Edificio de organización de regatas

El edificio-puerta del muelle Central, que en la etapa post-olímpica albergará el Club de Yates, cobra protagonismo en los Juegos como centro neurálgico de la organización de las competiciones. Su posición central en el área de operación olímpica favorece la máxima funcionalidad y efectividad de la instalación que se complementa eficazmente con la disponibilidad de una pista de aterrizaje de helicópteros en su terraza con finalidad de apoyo logístico, médico y de emergencias.

3.6 Zona de apoyo técnico y Zona de prensa

Una parte de la futura explanada del Área Técnica permite la ubicación, en la etapa olímpica, de una zona de apoyo técnico a la competición. La otra parte (lado Sur) permite albergar los "trucks" y demás hardware de apoyo a la prensa que tendrá su cuartel general en el edificio de remate Sur de la Arcada (en el futuro restaurantes sobre el mar).

Como se ha indicado, los barcos de servicio a los medios de comunicación se amarran en la dársena adyacente a esa explanada.

3.7 La Marina para el público

3.7.1 Zona de amarres

La dársena Oeste de la Marina se equipa ya en la etapa olímpica con los elementos de amarre para embarcaciones, con lo que podrá durante los juegos acoger embarcaciones del público, en manera análoga a lo previsto en el proyecto de Concurso.

3.7.2 Zonas para espectadores

Al despejarse la dársena Este de la futura Marina de todas las infraestructuras durante la etapa olímpica, no solo se consigue un área despejada para las maniobras de entrada y salida de la flota de competición, sino que se obtiene una excelente perspectiva para los espectadores que se encuentren en los muelles del paseo marítimo.

Por otra parte, el muelle que se proyecta adosado al dique principal del puerto, permite la instalación de gradas provisionales con una extraordinaria vista a la zona adyacente de regatas, en modo similar a la grada que, en las olimpiadas anteriores, constituyó un notable éxito de espectáculo deportivo.

4. Conclusión provisional

Los criterios básicos del diseño han sido:

• Funcionalidad olímpica

• Primer puerto deportivo del país a nivel internacional

• Sostenibilidad y economía

Con ello, la infraestructura marítima propuesta para el Puerto Olímpico de la ciudad T, cumple con los requisitos exigidos para constituirse en el marco funcional adecuado para la celebración de las pruebas olímpicas de Vela en las olimpiadas y en el motor de la futura actividad náutico-deportiva en el país.

Ⅲ. 司法、行政题材方面的原文

笔者在司法、行政方面翻译过的文章最多，这里选择的五篇文章具有一定的代表性。但是，限于篇幅，还有很多题材无法收录在这里，如：大学文凭、学位证书、单身证明、结婚证书、户籍证书、法庭证词、公司合同、政府间协议书等。

原文一：

下面是一篇西班牙官方出生证明书。除了姓名和日期有改变之外，基本保持原文的特征。

REGISTRO CIVIL DE BARCELONA
SECCIÓN 1 CERTIFICACIÓN LITERAL
DATOS DE INSCRITO

Nombre: Sonia

Primer apellido: Li

Segundo apellido: Hernández

Sexo: MUJER

Hora de nacimiento: diez horas treinta y cinco minutos

Fecha de nacimiento: uno de marzo de dos mil cinco

Lugar: Barcelona, corporación sanitaria Hospital de mar

Provincia: Barcelona, País: ESPAÑA

PADRE

Nombre: MINHUA, Apellidos: LI

Hijo de: YONGYAN y de LIHUI

Nacido en HONGKONG, País: CHINA

Fecha: diez de mayo de mil novecientos setenta y cinco

Estado: casado, Nacionalidad: Hongkong, China

NIE: X-78675212-B

Domicilio: CALLE MALLORCA, 456, 5º-2ª

BARCELONA, Provincia: BARCELONA, País: ESPAÑA

MADRE

Nombre: Mª Dolores, Apellidos: Hernández Suarez

Hija de: Juan Carlos y de Montse

Nacido en Barcelona, País: ESPAÑA

Fecha: once de enero de mil novecientos ochenta

Estado: casada, Nacionalidad: ESPAÑA

DNI: 35674519-B

Domicilio: CALLE MALLORCA, 456, 5º-2ª

BARCELONA, Provincia: BARCELONA, País: ESPAÑA

MATROMONIO DE LOS PROGENITORES CONSTA POR
EXHIBICIÓN DEL LIBRO DE FAMILIA

Fecha de celebración: tres de julio de dos mil tres

Lugar: Barcelona

Provincia: Barcelona, País: ESPAÑA

Tomo: 21 Página: 003 Registro civil de Barcelona

DECLARANTE D/Dña: LA MADRE

COMPROBACIÓN D/Dña. MARÍA PILAR GIL COSTA

En calidad de: COMADRONA Nº. de colegiado: 27598

OBSERVACIONES:

SE CONSIDERA A TODOS LOS EFECTOS LEGALES

QUE EL LUGAR DE NACIMIENTO DE LA INSCRITA ES BARCELONA, MUNICIPIO EN QUE SE HA PRACTICADO EL ASIENTO. ART. 16.2 LRC.

Hora: once horas cincuenta minutos

Fecha: quince de marzo de dos mil cinco

CERTIFICO que la presente certificación literal expedida con la autorización prevista en el art. 26 del Reglamento del Registro Civil, contiene la reproducción integra del asiento correspondiente obrante en tomo 00056 página 076 de la sección 1ª de este Registro Civil.

Barcelona, quince de marzo de dos mil quince

D/Dña Marta Cabra Puig, funcionaria delegada.

原文二：

下面是西班牙官方无犯罪证明空白书。需要申请人自己填写，然后送司法部门审核、签字并盖章。把该证书翻译成中文，经西班牙外交部认证后才可以拿到中国使用。

CERTIFICADO PENAL
MINISTERIO DE JUSTICIA

Registro Central de Penados y Rebeldes

ESCRIBA CON LETRAS MAYÚSCULAS EMPEZANDO EN LA PRIMERA CASILLA

Fecha de solicitud _____

1º apellido_____2º apellido_____

Nombre de interesado_____

Lugar de nacimiento (Población)_____Provincia_____País_____

Sexo_____Fecha de nacimiento_____

D.N.I._____Nombre del padre_____Nombre de la madre_____

Se precisa para_____

EL FUNCIONARIO ABAJO FIRMANTE CERTIFICA:

Que consultadas las notas de antecedentes penales que obran en este Registro Central, no aparece ninguna que haga referencia a la persona de la filiación arriba indicada. Esta certificación sólo es utilizable para el fin solicitado y dejará de surtir efectos a los tres meses de su fecha (RR.OO. de 1 de abril de 1896, Regla 3ª, y de 9 de enero de 1914).

Vº Bº

El Jefe del Registro,   EL FUNCIONARIO

RELLENE SÓLO PARA RECIBIR POR CORREO

NO PRECISA FRANQUEO DE VUELTA

Sr. D._____Dirección del titular_____

Población_____C.P._____Provincia_____

NOTA: ESTA CERTIFICACIÓN NO ES VÁLIDA CON ENMIENDAS, TACHADURAS, RASPADURAS O PALABRAS INTERLINEADAS O AGREGADAS.

原文三：

房屋财产买卖合同。这是在正式签署房地产过户文件之前所签署的第一个有约束性的合约文件。对后面需要签署的房地产买卖文件有着至关重要的影响。

CONTRATO DE COMPRAVENTA

En Barcelona, a ocho de agosto de dos mil quince

REUNIDOS:

De una parte, como VENDEDORES:

Don Antonio Vicente, y Doña María Sánchez, mayores de edad, casados en régimen de gananciales, vecinos de Barcelona, con domicilio en Calle Valencia, número 96, 1º-2ª, identificados con el D.N.I. número 30.432.604-H y D.N.I. número 30.343.234-X respectivamente.

Y de otra parte, como COMPRADOR:

Don Wensao Li, mayor de edad, casado en régimen de separación de bienes, vecino de Barcelona, con domicilio en Avda. Diagonal 123, 4º-2ª, identificado con el D.N.I. 67.678.765-X.

INTERVIENEN:

Todos los comparecientes en su propio nombre y particular interés, reconociéndose la capacidad legal necesaria para contratar y obligarse, de sus libres y espontáneas voluntades y al efecto.

MANIFIESTAN:

PRIMERO: Que el Sr. Antonio Vicente y la Sra. María Sánchez son dueños de la siguiente finca:

URBANA: PORCIÓN DE TERRENO sita en término de Barcelona, constituye la parcela 58 de la manzana 25 de la urbanización Caballo, zona bosque urbanizado, tiene una superficie de tres mil metros cuadrados. LINDA: al norte, parte con la calle de las Rocas, número dos-cuatro y parte con parcela 57; al Sur, parte con la calle Fuente, número dieciséis y parte con el resto de la mayor de donde se segrega; al Este, parte con la parcela número 57 y parte con el resto de la mayor de donde se segrega; y al Oeste, con calle Fuente, esquina con la calle de las Rocas.

Consta INSCRITA en el Registro de la Propiedad número Cinco de Barcelona, en el tomo 2.876, libro 106 de Barcelona, Folio 87, Finca número 7.098, inscripción 2.

CARGAS: Libre de cargas y vínculos arrendaticios.

TÍTULO: Les pertenece por compra, a la compañía "Hermisi, S.A.", según Escritura Pública otorgada en Barcelona, a dos de mayo de dos mil, ante el Notario Don Alfredo Campo.

SEGUNDO: Que interesa, al Sr. Wensao Li, la adquisición de la finca descrita en la manifestación primera de este documento, por lo que puesto de acuerdo con la parte VENDEDORA, otorgan el presente contrato recompraventa, sujeto a los siguientes:

PACTOS:

PRIMERO: Que Don Antonio Vicente y Dña, María Sánchez, en concepto de libre cargas y al corriente de impuestos, VENDEN a, Don Wensao Li que COMPRA, la finca descrita en la manifestación primera de este Contrato de Compraventa.

SEGUNDO: El precio de la presente Compraventa se fija en la cantidad de cinco millones de euros (€5.000.000euros) más los impuestos que graven la operación, que la parte COMPRADORA hará efectivas a la parte VENDEDORA en la siguiente forma:

a) En cuanto a la cantidad de quinientos mil euros (€500.000euros), los entrega la parte COMPRADORA en este acto a la parte VENDEDORA, en concepto de paga y señal ó arras sujetas a la regulación del artículo 1.454 del Código Civil, según el cual podrá rescindirse el contrato allanándose el comprador a perdérselas, o los vendedores a devolverlos duplicados, sirviendo el presente contrato como recibo y formal carta de pago de la suma entregada.

b) En cuanto al resto, la cantidad de cuatro millones y quinientos mil euros (€4.500.000.-) serán satisfechas por la parte COMPRADORA a la parte VENDEDORA, a la entrega de la finca y la formalización de la Escritura Pública de Compraventa, prevista con la fecha máxima el seis de febrero de dos mil seis.

TERCERO: Serán a cargo de la parte COMPRADORA todos los gastos impuestos y arbitrios que legalmente le correspondan, originados por la formalización de la Escritura Pública de Compraventa a otorgarse, a excepción del impuesto municipal de PLUSVALIA que será a cargo de la parte de VENDEDORA.

CUARTO: La escritura Pública de compraventa se formalizará a favor de la persona física o jurídica que libremente designe la parte compradora.

QUINTO: Las partes comparecientes con renuncia expresa a su propio fuero, se someten a la jurisdicción de los tribunales y Juzgados de Barcelona, en referencia al cumplimiento del presente contrato.

Y para que así conste, se extiende el presente por duplicado ejemplar y a un solo efecto, en señal de conformidad, conocimiento y aceptación, en la ciudad y la fecha al principio indicadas.

LA PARTE COMPRADORA   LA PARTE VENDEDORA

原文四:

下面是一篇行政管理文件——企业工商登记文件。所有要到中国进行商业投资或者开设办事处的西班牙企业都需要将其本国工商登记的文件翻译成中文,所以这方面的翻译量相对比较多。选择这篇文章具有一定的参考意义。本文除了姓名和企业名称更改之外,基本保持原文的风貌。

REGISTRO MERCANTIL DE BARCELONA

EL REGISTRO MERCANTIL DE BARCELONA Y SU PROVINCIA QUE SUSCRIBE

CERIFICA: Que en vista del fax remitido por Don Joaquim Badia i Armengol, solicitando certificación en relación a la Sociedad "EUROINGENIERÍA PORTUARIA S.L.", y examinados los Libros del Archivo del Registro Mercantil de Barcelona, de los mismos resulta.

PRIMERO. - Que mediante escritura otorgada el 13 de diciembre de 1.982, ante el Notario de Barcelona Don Xavier Roca Ferrer, número 5.154 de protocolo y otros documentos, que fueron inscritos en este Registro con fecha 28 de marzo de 1.983 y que motivaron la inscripción 1ª, en la hoja número B-726.588, obrante al folio 67 del tomo 87.962 del archivo, fue constituida con arreglo a la legislación española la Sociedad "EUROINGENIERIA PORTUARIA, SOCIEDAD LIMITADA".

Que dicha Sociedad, por acuerdo de la Junta General Extraordinaria y Universal de socios celebrada el 18 de febrero de 2.002, cambió su denominación social por la de "EUROINGENIERÍA, S.L.". Resulta de la inscripción 34ª de dicha hoja, obrante al folio 548 vuelto del tomo 51.756 del archivo, motivada por la escritura otorgada el 14 de marzo de 2.002, ante el Notario de Barcelona Don Rafael López Garrido, número 581 de protocolo, que fue inscrita en este Registro con fecha 22 de marzo de 2.002.

Que la referida Sociedad continúa vigente en este Registro con la denominación expresada de "EUROINGENIERÍA, S.L." con C.I.F. nº B-70.447.142.

SEGUNDO. - Que la hoja de la referida Sociedad, no se halla sujeta a cierre registral alguno, ni en la misma consta extendido asiento relativo a quiebra, suspensión de pagos o disolución.

TERCERO. - Que el domicilio actual de la referida Sociedad se halla establecido en Edificio Ecocentro, Ronda Ros, Parque Tecnológico de Marina, Resulta de la inscripción 3ª de dicha hoja, obrante al folio 24 del tomo 67.980 del archivo, motivada por la escritura otorgada el 24 de mayo de 1.999, ante el Notario de Barcelona Don Alfredo Camps, número 3.683 de protocolo, que fue inscrita en este Registro con fecha 3 de julio de 1.999.

CUARTO. - Que el archivo 5º de los vigentes Estados relativo al objeto social, contenido en dicha inscripción 3ª, transcrito literalmente dice: "ARTÍCULO 2ª, - La sociedad tiene por objeto la realización de toda clase de estudios y proyectos técnicos y científicos, en todas las especialidades de la ingeniería y la arquitectura, así como la investigación y desarrollo (I+D) sobre dichas materias."

QUINTO. - Que la representación de la Sociedad en juicio y fuera de él corresponde al Consejo de Administración, de forma colegiada.

Que el actual Consejo de Administración de la referida Sociedad, se halla integrado por los siguientes señores y con los cargos que se citan: PRESIDENTE: DON JUAN MARÍN, mayor de edad, casado, Ingeniero de Caminos, vecino de Barcelona, calle Balmes, número 12 con D.N.I. nº 27.695.878-L, VICEPRESIDENTE: DON JORDI CODINA, mayor de edad, casado, Ingeniero, vecino de Reus, Avenida Prat, sin número, con D.N.I. nº 59.773.695-T, CONSEJERO- DELEGADO: DON ALFONSO AMEZTOY, mayor de edad, casado, Ingeniero de Caminos, vecino de Barcelona, calle Muner, número 46, principal segunda, con D.N.I. nº 66.420.982-B, VOCALES: DON ANGEL RUBIO, mayor de edad, casado, Ingeniero técnico de obras públicas, vecino de Barcelona, calle Borrell, número 6, 3º 1ª, con D.N.I. nº 3.577.598-P y DON LUIS MONSO, mayor de edad, casado, Ingeniero de Caminos, vecino de Barcelona, calle Juan Bach, número 467, 6-2, con D.N.I. nº 57.880.469-M y SECRETARIO NO CONSEJERO: DON JOAQUIM BADIA , mayor de edad, casado, Abogado, con domicilio en Terrassa, Plaza Vella, número 57, principal tercera y con D.N.I. nº 49.563.570-N.

Dichos señores fueron nombrados Consejeros de la Sociedad por plazo indefinido en cuanto a DON JUAN MARIN, DON JORDI CODINA, DON ANGEL RUBIO, DON ALFONSO AMEZTOY Y DON LUIS MONSO, por acuerdo de la Junta General Extraordinaria y Universal de socios, celebrada el 15 de noviembre de 2.003, según resulta de la inscripción 13ª de dicha hoja, obrante al folio 208 vuelto del tomo 30.880 del archivo, motivada por la escritura otorgada el 8 de enero de 2.004, ante el Notario de Barcelona Don Jaime González, número 45 de protocolo, que fue inscrita en este Registro con fecha 26 de enero de 2.004.

En cuanto a DON JOAQUIM BADIA para el cargo de Secretario no Consejero, fue nombrado en el propio acto fundacional de la referencia sociedad, según resulta de dicha inscripción 1ª.

Y en cuanto a DON JUAN MARIN para el cargo de Presidente del Consejo de Administración, DON JORDI CODINA para el cargo de vicepresidente y DON ALFONSO AMEZTOY para el cargo de Consejero-Delegado, fueron nombrados por acuerdo del Consejo de Administración en sesión celebrada el 15 de noviembre de 2.003, según resulta de dicha inscripción 15ª.

Y para que conste, y no existiendo presentado en el Libro Diario y pendiente de despacho ningún documento en relación a dicha Sociedad, expido la presente certificación, en tres folios, números B690878 al B690880 y el presente, a una sola cara y con el membrete de este Registro. Barcelona, a las nueve horas del día dieciocho de marzo de dos mil cinco.

D. ANTONIO ALLES TORRES, en su calidad de Secretario

Ejecutivo de la Demarcación de Cataluña del Colegio de Ingenieros de Caminos, Canales y Puertos, con domicilio en Barcelona, c/ Los Lagos, 24.

HAGO CONTAR:

Que D. JUAN MARÍN es miembro de este Colegio de Ingenieros de Caminos, Canales y Puertos desde el día veintiocho de Abril de mil novecientos setenta uno, ostentando el número de colegiado tras mil cuatrocientos ocho, encontrándose por tanto en posesión del título que le acredita como Ingeniero de Caminos, Canales y Puertos.

Que la presente acreditación se limita a su objeto sin que, en ningún caso, sustituye el visado de los trabajos de los que el colegiado haya sido autor o lo sea en el futuro.

Y para que conste, expido y firmo el presente documento, a petición del interesado, en Barcelona a catorce de Marzo de dos mil quince.

C/Vergós. 15, 08017 Barcelona – Tel: 93 404742 – Fax: 93 480 692

E-mail: info@cicc.cat   CIF: Q 25675691

原文五：

下面一篇是完整的西班牙法院的判决书，除了法院名称、人名和地名更改以外，我们基本上可以看到法院文本的特征以及遣词造句的术语特色与风格，是非常实用的一篇判决书原文。

SENTENCIA

19/07/11 A 11H. LANZAMIENTO.

JUZGADO DE 1a INSTANCIA núm. 8, Valencia

Procedimiento: Juicio verbal núm. 3093/10

SENTENCIA 56/11

PROCURADORA: LUISA GABRIEL PASCUAL

Letrado: D. JOSE GRACIA FERNANDEZ

Cliente: MANUEL SANCHEZ GABRIEL

Su Ret.: A045 Mi Ret.: A4288

Notiticado: 24/07/2011

Fine: Señalamiento: LANZAMIENTO

Fecha: 05/09/2011 Hora: 12:00

Valencia, a 15 de agosto de 2018

Vistos por mí, Mª Teresa Roviva González, Juez del Juzgado de Primera
Instrucción número 8 de Valencia los presentes autos de JUICIO
VERBAL DE DESAHUCIO núm. 3093/10 seguido a instancia
de Don MANUEL SANCHEZ GABRIEL representado por la
Procuradora Sra. LUISA GABRIEL PASCUAL y asistida por
el Letrado Sr. JOSE GRACIA FERNANDEZ contra Don José
Sánchez López representado por la Procuradora Sra. Olga Velásquez
y asistido del Letrado Sr. Juan Puerta y contra Dña. Mª Calderón
Sánchez declarada en rebeldía procesal.

ANTECEDENTES DE HECHO

PRIMERO. - Por el Procurador de los Tribunales Sra.
GABRIEL PASCUAL se presentó demanda por la que se solicitaba
se declarase el desahucio por falta de pago, respecto a la vivienda
sita en la calle Josep Tarradellas 1022 en Valencia, entendiendo que
el demandado había dejado de pagar la renta de los meses de julio,
agosto, septiembre y octubre de 2010 ascendiendo a la cantidad de

3.856 euros, solicitando se declarase el desahucio, se condenase al demandado al pago de las rentas debidas y las que se devengasen hasta la entrega de la posesión del bien y se le impusiesen las costas causadas.

SEGUNDO. - Se admitió la demanda y se citó a las partes a juicio verbal, sin que compareciera la demandada Doña Mª Calderón en forma siendo declarada en rebeldía procesal. En la vista la parte demandante se ratificó en la demanda alegando que se habían incrementado las rentas en la cantidad de 3.857 euros, si bien manifestó cambiar el petitum, en el sentido de desistir de las rentas devengadas, si los arrendatarios abandonaban la vivienda antes del 28 de agosto de 2018, en caso contrario deberían abonar las rentas reclamadas en la demanda y las que se devengasen hasta la fecha de lanzamiento prevista de cinco de septiembre a las 11:00am horas, sin costas. La parte demandada se allanó a la petición, tras lo cual quedaron los autos vistos para sentencia.

TERCERO. - En el presente procedimiento se han respetado las prescripciones legales.

FUNDAMENTOS DE DERECHO

PRIMERO. - La parte actora interpone un acción de desahucio por falta de pago, alegando que las partes firmaron un contrato de arrendamiento de vivienda el 18 de mayo de 2005, sobre una finca sita en la calle Josep Tarradellas núm. 1022, Valencia así como plaza de parking y cuarto trastero pactando una renta mensual de 950 euros que en el día de la vista ascendía a 3.856 euros. En el momento de interponerse la demanda se habían generado más rentas por importe de 3.857 euros, siendo la deuda total de 7713 euros.

El día de la vista modificó el petitum la actora, desistiendo de las pretensiones económicas solicitadas, si los demandados abandonaban la vivienda antes del día 28 de agosto de 2011, en caso contrario habría de abonar las rentas reclamadas, las que se generasen hasta la fecha de lanzamiento, y debía conservarse la fecha de lanzamiento el día 5 de septiembre 2018 a las 11 :00 horas.

La parte demandada se allanó a la demanda.

SEGUNDO. - Dispone el arto 21 de la LEC., que cuando el demandado se allane a todas las pretensiones del actor, el Tribunal dictará sentencia condenatoria de acuerdo con los solicitados por éste, siempre que no se hiciera en fraude de ley o supusiera renuncia contra el interés generala perjuicio de tercero.

No apreciando que concurra ninguno de los óbices que impedirían dictar sentencia condenatoria, procede dictar sentencia acogiendo los términos del suplico de la demanda, que han sido modificados el día de la vista, y así ha sido aceptado por las partes.

TERCERO. - Respecto a las costas la parte actora renuncia a las costas.

VISTOS los preceptos legales citados y demás de pertinente aplicación.

FALLO

ESTIMAR íntegramente la demanda interpuesta seguida a instancia de Don MANUEL SANCHEZ GABRIEL representado por la Procuradora Sra. Gabriel Pascual y asistida por el Letrado Sr. JOSE GRACIA FERNANDEZ contra Don Juan Sánchez

López, representado por la Procuradora Sra. Olga Velásquez y asistido del Letrado Sr. Juan Puerta y contra Dña. Mª Calderón declarada en rebeldía procesal declarando la resolución del contrato de arrendamiento que unía a las partes de fecha 18 de mayo de 2005, sobre una finca sita en la calle Josep Tarradellas núm.1022 en Valencia, declarando haber lugar al desahucio por falta de pago, debiendo los demandados abandonar la vivienda antes del día 28 de agosto de 2018, con apercibimiento de que si no lo hacen se procederá al lanzamiento el día 5 de septiembre de 2018 a las 11 horas, y para el caso de que no abandonen voluntariamente la vivienda antes del 28 de agosto de 2018 los demandados deberán además abonar al actor de la cantidad de 7.713 euros, más los interés que se devenguen desde la presente resolución, y a las rentas que se devenguen hasta la efectiva recuperación del inmueble y para el caso de que no abandone voluntariamente la vivienda antes del 28 de agosto de 2018 las costas serán a cargo de los demandados.

Notifíquese a las partes la presente resolución.

Llévese el original al Libro de Sentencias y líbrese testimonio de la misma para que conste en autos.

Contra la presente sentencia cabe recurso de apelación que deberá interponerse en este Juzgado en el plazo de cinco días desde la notificación de la sentencia, siendo resuelto por la Audiencia Provincial de Valencia.

Así lo acuerdo y firmo.

PUBLICACIÓN. - Dada, leída y publicada fue la anterior Sentencia por el mismo Juez que la dictó, estando celebrando

audiencia pública en Valencia en el día de su fecha de lo que yo, el
secretario doy fe.

说明：这里所选的文章，除了公司名称，人名经过修改之外，基本维持原文的风格。